Momentos orantes

Anna Seguí Martí ocd

Momentos
orantes

Paulinas

Imagen de la cubierta: Anna Seguí Martí

© PAULINAS 2024
    Carril del Conde, 62 - 28043 Madrid
    Tel.: 91 721 89 84 - Fax: 91 759 02 04
    E-mail: editorial@paulinas.es
    www.paulinas.es

© Anna Seguí Martí ocd

    ISBN: 978-84-19408-30-3
    Depósito Legal: M-4641-2024

    Printed in Spain. Impreso en España

Tú, cuando ores, entra en tu cuarto,
cierra la puerta y ora en secreto a tu Padre.
(Mt 6,6)

¡Ay de mí si no me relacionara
con Dios en amor!
A. Seguí

Introducción

Querido lector, lectora. Este libro que tienes en tus manos, está escrito a base de breves textos orantes. De alguna manera, cada texto, es expresión del paso de Dios por mi vida y mi relación de amistad con Él, en un Tú a tú amante.

Es un libro para ser leído serenamente, a modo de deleite espiritual, dejando que las palabras reposen dentro de ti. Estas páginas reflejan momentos profundos de intimidad orante con Jesús, e irradian fe, esperanza y confianza, así como los anhelos del corazón humano.

Me dirijo a ti, porque tú también estás llamado a relacionarte con Dios amorosamente. Él te espera desde siempre. Te invito a que te asomes a estos textos desde una actitud contemplativa y halles en ellos luz, paz y gozo interior. Dios quiere serte descanso en tu camino y aliento en tu aventura personal.

Oraré por todos y todas para que descubráis la belleza de su amor y alegría.

Unidos en la amistad y comunión fraterna.
Anna Seguí Martí, ocd.

Carmelitas descalzas
Monasterio Sagrada Familia
Puçol (Valencia)

1. Orar es seguir el buen camino

La oración es como un GPS que nos dice dónde estamos y adónde vamos. Dios nos quiere bien orientados, no perdidos ni dispersados. Orar es seguir el buen camino, entrar hacia lo interior donde mora Dios.

Cuando centro la atención en Jesús, cuando me hallo bien asida a Él y le sé en mi interior, percibo que me brota la carne sana y la mente clara. Él me dilata por dentro proporcionándome una serena alegría. Jesús me infunde seguridad y me hace andar en libertad. Orar rompe límites, dilata el ser para amar y acoger. Quebrar rigorismos, ser libres y flexibles.

Cada toque amoroso dilata el corazón. Cada toque al entendimiento, dilata la comprensión. Atajando la soberbia, agranda la humildad.

Descansar en ti lo que es cansancio en mí. Respirarte a ti es hálito de vida para mí.

Dice el Eclesiastés: «*Tiempo de callar, tiempo de hablar*» (Ecl 3,7). Mas siempre es tiempo para orar, atender y escuchar. Siempre es tiempo para amar.

En lo secreto y oscuro, Dios labra la piedra. Manoseando el barro, moldeando la arcilla, algo nuevo va a suceder.

Soltar amarras, salir a navegar. Solitaria la barca, anchuroso el mar. Atreverse a entrar en la inmensidad. A la intemperie, al abrigo de cielo y mar.

Asoma una lágrima, verter el llanto. La alegría viene detrás.

Lo esencial emana de lo profundo.

Penetrar en la Palabra, acogerla en el corazón. Impregnarnos de la misericordia de Dios.

Tú y yo, qué buena amistad hacemos. Tú siempre estás en mí. Me pones identidad, me haces lo que eres: Ser Eucaristía. Me haces celebradora de lo que te haces en mí. Soy la mujer que Tú amas. Soy libre en ti. Tú me dices: «*Ve yo te envío*» (Ex 3-10). Y comienza una aventura a vuelos de libertad.

Orar es todo mi bien. Permanecer en la cueva orante hasta hallarme envuelta por el susurro suave y ligero de la voz de Dios. Sí, orar, ser orante es todo mi bien, la mejor aportación que puedo hacer a la humanidad para pacificar el mundo.

En el intento de orar, que Dios me tome y me haga orante. Ir hacia dentro, más y mar adentro. Orar, entrar donde solo mora Dios.

2. Orar el asombro de un amor

Para hallar la presencia de Dios en mí, tengo que vaciarme de mí. Vacío del pensamiento, la imaginación, las ideas, las imágenes, la dispersión, la programación, los proyectos. Dios está donde halla espacio, no donde el «yo» ocupa su lugar.

En el vacío de todas las cosas se abre el misterio.

Busco afanosamente hallarme con Jesús, y descuido reconocerme encarnación suya. Que mi prójimo es el Jesús que busca ser reconocido por mí. Buscamos lejos lo que tenemos a nuestro lado.

Vamos hacia Dios encarnados de la humanidad de Cristo Jesús. Y no nos enteramos.

Orar es dirigir el ser al centro de nuestra vida interior, concentrar todo al encuentro con quien sabemos nos vive y nos ama: Dios. Ir de la mano de Jesús para no perdernos. Germinamos Evangelio y vida en el amor.

Oro para ser evangelizada. Orar para ser pacificada.

Cuando la oración está muy adherida en la mente, ha de hacer un largo recorrido hacia el corazón.

La oración, en sí misma, ya es luz. Pero Dios tiene que abrir brechas, puertas y ventanas para que entre más luz. Vislumbramos la luz por los destellos que de ella recibimos.

Mi oración se ha sumergido en el espíritu de las Bienaventuranzas, todo el Evangelio se concentra en ellas, por sí mismas son toda la realidad cristiana. «*Dichosos los limpios de corazón, porque ellos verán a Dios*».

Encarnados en la encarnación de Jesús, somos humanidad suya. ¿Qué supone ser humanidad de Cristo?, ¿qué Dios reflejamos?

Orar es contemplar el asombro de un amor. Este amor sostiene mi vida.

Orar es quedar prendados por la fascinación de una belleza.

El Evangelio tiene que seguir siendo Buena Noticia. El encuentro con Jesús no puede ser repetir viejos esquemas. Él es la novedad, siempre actual, para hacernos creativos en humanidad nueva. Que la sed de amor que hay en cada ser humano, se exprese en ternura amorosa hacia las personas y toda la creación. Que amar sea crear vida bondadosa y expresarlo con los gestos amorosos, obra de arte alegre y sanadora, los amables besos, las suaves caricias y los saludables abrazos. Que amar sea una creciente cultura de la ternura, una mentalidad nueva, potenciadora del amor que Dios quiere para todos, una radical fraternidad, porque ante Dios somos iguales, sin rangos. Solo Jesús es el Maestro.

Oro porque amo y oro porque sufro. Sufrir es tener que asumir situaciones en las que no podemos hacer nada. Llorar en silencio un amor y un dolor.

Orar es penetrar al interior del ser. Hallar el centro donde somos prendidos por Dios y su esencia nos materializa en encarnación de su propio Hijo. Emerger de este centro esencial, es devenir humanidad de Cristo.

3. En ti la paz

Aparta de nosotros, Señor, el horror de la guerra y la muerte, líbranos del caos de la destrucción y desolación. Que el amor nos haga sembradores de bondad y belleza, jardineros que hagan florecer las delicadas flores de la esperanza. Elevar los brazos y abrir las manos. Acoger la paz que Dios hace llover sobre sus hijos e hijas amados. Las personas ansiamos la fiesta que nos alegra el corazón, la amistad que nos une, la paz que nos da seguridad. Gustar la paz todos los días de nuestra vida. «*Mi paz os dejo, mi paz os doy*».

En la noche oscura que afecta la humanidad, mi corazón está en paz. Cual centinela en la noche, la oración es un faro de luz que apunta cercanos refugios de paz y seguridad. Ahora nos toca ver y sufrir el horror de la guerra, y un lamento se eleva hacia ti, Dios de todo amor: «*¿Quién se te iguala, quien se te asemeja, ciudad de Jerusalén (Ucrania)?; ¿A quién te compararé, para consolarte, Sion (Kiev) la doncella? Inmensa como el mar es tu desgracia: ¿quién podrá curarte? / Invoqué tu nombre, Señor, de lo hondo de la fosa: oye mi voz, no cierres el oído a mis gritos de auxilio; tú te acercaste cuando te llamé y me dijiste: "No temas". Te encargaste de defender mi causa y de salvar mi vida. / Ha cesado el gozo del corazón, las danzas se han vuelto duelo. / Señor, tráenos hacia ti para salvarnos, renueva los tiempos pasados*» (Lam 2,13; 3,55-58; 5,15.21).

Jesús, ante la muerte, dame la segura confianza de que, el definitivo abrazo es contigo. Tú eres el Amor de todo amor, seguridad de nuestra existencia.

Oro porque quiero vivir mi humanidad al estilo de la humanidad de Jesús, que «pasó haciendo el bien». Mi ser y hacer destile bondad y servicio generoso.

A la intemperie de la vida, ser pan de Dios. Carne y sangre de Cristo Jesús. «Haced esto en memoria mía».

Espejarnos en el alma y ver nuestra imagen y semejanza de Dios. Solo Dios.

Pasar de la carnalidad a la humanidad, es dejar que el barro sea arcilla moldeable en las manos de Dios. Orar es dejarse moldear.

4. Orar es regar la tierra del corazón

Cuando oro, ¡Oh!, que asombro estremece mi ser. Jesús se me pone de rodillas, amorosamente acurrucado en mí, suplicándome: *¿Qué quieres que haga por ti?* Dios se me hace servidor. *«Haz en mí según tu Palabra»*. Las cosas de Dios mueven a obrar según Dios. Viendo a Jesús ofreciéndose-me Él, no puedo más que disponerme para ser servidora como Él. Todos me hallen como me necesitan.

El amor es creador de belleza, trabaja bondadosamente.

Dios me ha acorralado en mi debilidad, en mi parte herida. Y me ha hecho fecunda en esto mismo. Me ha costado verlo y entenderlo, por lo cual, todo me era de mucho sufrimiento. Una vez comprendido e integrado, todo deviene fuente de vida y gozo.

Orar es crear una relación de amor mutuo. Caer en la cuenta de que el amor es camino realizador de plenitud. Saber estar alegremente comprometidos donde Dios nos quiere y ser libertadores, amadores y perdonadores como Jesús.

Velad, orad, contemplad, vigilad, observad. No pasar indiferente ante nadie. Que la atención sea amorosa para detectar el dolor ajeno. ¿Por dónde sangra el hermano? ¿Cómo cerrar la herida de su dolor? El amor nos hace sanadores.

No temer amar demasiado a una persona, por la amistad, por la relación. Esto no nos quita del amor a los demás, más bien lo fomenta y amplía. Darme anchura para que la acogida llegue a todos. Permanecer, acoger, tender la mano, mostrar alegría. El huésped interior —Jesús, las hermanas— aprecien el calor del hogar, el cálido rescoldo de la fraternidad.

Orar es regar la tierra del corazón, hacerla florecer. Dios se deleita en darnos su amor, es nuestra felicidad. Y orar es aprender a amar.

Jesús, ante ti quiero expresar la necesidad de tu amor y perdón. Quiero tener un corazón bien dispuesto para recibir tu misericordia, que me llene de perdón, de arrepentimiento por las faltas de amor que rompen la justicia y ahogan la alegría del corazón. Dame tu gracia para saber optar por las obras buenas, dando muerte *«al gesto amenazador y la maledicencia»,* dejando que tu bondad me renueve el ser. Quiero orar con toda la Iglesia, caminando juntos y limpios, hacia la Pascua de tu redención.

Jesús, que tu presencia nos ayude a tener coraje para trabajar los valores del Reino. Todo en ti nos encamina a realizar la voluntad de Dios. Tú solo quieres nuestro amor, porque «*el que ama cumple la ley entera*». Que lleguemos a tu Pascua renovados y enriquecidos en el amor.

5. Tú nos haces puro amor

Pequeños momentos orantes, son capaces de sostener largos periodos en misiones y plenas fidelidades de misioneros.

Conozco quién es Dios por cómo actúa obrando maravillas en mí y en la historia, en cada ser humano y en la creación entera.

Una responsabilidad: mi vida dice qué Dios hay en mí, cómo obra su amor misericordioso.

Quien ha vivido el caos primordial por años y años, ¿puede temer la noche? Asoma una luz:

«*La noche es clara como el día*». La oscuridad no existe ya. «*Aunque es de noche*».

Ser libre y amar a los demás. Todo es una cuestión de opciones. Cada opción requiere un trabajo de mantenimiento y un reciclaje permanente. Somos caducos por genética, por deterioro del barro con que hemos sido hechos. Pero Dios no deja de transformarnos, Jesús nos ha redimido. Todo está cumplido.

Mimarnos es esencial, porque el sufrimiento que nos depara la existencia mina nuestras preciosas y limitadas energías. Entramos en la vejez con un cúmulo de sufrimientos que nos han ido encorvando el cuerpo, lastimado el alma y curándola. Sin embargo, nuestro ser interior se siente rejuvenecido, se va abriendo a una existencia nueva ¿será la definitiva? Aquí comienza el cielo. Dios nos succiona desde dentro en Él y hacia Él.

Me conmueve esto: La plena conciencia de que Dios lo envuelve todo. La convicción de estar en Él me da la seguridad de una vida mística.

Es más importante la certeza consciente de sabernos envueltos en la mística de Dios que los fenómenos místicos. La mística es atrevida, va más allá de lo conocido, rompe límites, nos abre a la creatividad, nos aventura a lo desconocido, la mística es portadora de novedades. En esta realidad de violencia histórica, la mística es la caricia suave y amable, deleitosa del amor misericordioso de Dios. Mística hacedora de paz. La mística surge de la relación amorosa con Jesús, de su seguimiento, hacedor de bondades, de una vida para el Evangelio. Pasar como Jesús «*haciendo el bien*». En la mística, Dios se nos manifiesta como amante deseoso de complacernos.

Creer en ti, Cristo Jesús, es experimentar el amor y la vida liberada. Tu presencia disipa nuestros miedos y nos abrimos a la conversión que transforma nuestro corazón. Tú nos haces puro amor, asombro de la vida transfigurada.

6. Acariciar
el corazón herido

Un duro golpe en el pedernal de mi ser endurecido, puede hacer brotar torrentes de agua viva. En lo más adentro y árido del desierto, en la sequedad de las rocas, se esconde el agua de la vida. La vida vence a la muerte. Vivir es lo definitivo. Tú me vives y me despiertas.

Orar, servir, estudiar, conocer, convivir. Estas realidades centran mi vida en amor y evangelio.

He puesto el pie en el umbral de la casa del silencio. Y he entrado.

Orar es un hogar-hospital de la misericordia. Orar es poner la mano sanadora sobre el corazón herido y doliente de la humanidad. Caricia curadora y alegradora.

Abajar el ser del «yo» soberbio. Y ponerme en el Ser humilde y abajado de Jesús, a los pies de la humanidad. Ante la zarza ardiente y ante cada hermana y hermano, descalzarme.

«*Ve, yo te envío*». Y comienza la descalcez. Que Dios me lleva sobre alas de águila.

Orar es la aventura de estar, relacionarme y permanecer con quien sé que me ama.

Dios mío, ¡cuánto nos amas! Danos saberte amar y amarnos.

Aventurar la vida adentrándome donde no sé. Confiar, que soy conducida.

Orar, contemplar la belleza, gustar la bondad. Devenir alegría, permanecer en la paz.

En el Evangelio de Juan, el primer milagro de Jesús sucede en la boda de Caná, donde había sido invitado. Convierte el agua en vino. Lo bueno en mejor. La fiesta no se puede frustrar, «*así mostró Jesús que Dios obraba en Él*». Cuando obramos el bien, cuando el amor vehicula nuestro proceder, Dios actúa en nosotros.

He pasado una página más del libro de mi historia. Voy acabando y me hallo tranquila. Ante quien me voy a encontrar es ante Dios, mi Padre-Madre y Jesús. Nos conocemos y amamos. Temer no tiene sentido para quien cree y ama, pero es humano. Hacia lo último, mi ánimo sostiene la esperanza. Y en mi espera, la confianza se agranda. Lo decisivo es confiar en quien sabemos nos ama.

7. El grande nos engrandece

La novedad la realizamos en nosotros mismos. Ser lo que creemos y vivirlo. Jesús ilumina nuestra vida.

Un breve momento pensando a Jesús, ya es toda una oración. Un leve deseo de vivir para hacer el bien y amar, ya es dar forma y figura a la humanidad nueva que somos.

Creer en Jesús y vivir una vida para el Evangelio nos ha de dar seguridad, libertad, identidad y autonomía propia. Abrir la creatividad que forja el proceso de conversión. Pertenecer a Jesús y seguirle nos hace humanidad nueva.

El Dios que nos ha creado se re-crea recreándonos. Para que gocemos la felicidad a la que Él nos ha destinado, no tenemos más que dejarnos re-crear por Dios. Todo depende de la confianza en Él. Vivimos en Él y somos en Él. El amor sella nuestra semejanza con Dios.

En silencio y en el silencio, todo sucede. La liberación viene ¡imparable! Solo confiar.

El Dios en quien creo, el Padre-Madre que nos ha mostrado Jesús, viene. Soy con el «*Yo Soy*». El Grande nos engrandece.

Corremos al alcance DE (Dios). Se trata de dejarnos alcanzar POR (Dios). Solo confiar. La confianza es realizadora de bien.

Dios nos sostiene y se nos da. Todo es regalo de Dios. Todo es gracia, todo está dentro. ¡ENTRAR! Y estarse confiando. Todo lo tenemos dentro, que Dios nos vive dentro. Nos hace en Él. Nos hace Él.

Cuando Dios irrumpe en el interior del ser humano con su resplandor, se derrumban los muros, se abren los cerrojos y se rompen las cadenas. La presencia de Dios en el interior del corazón humano, por tenue que sea el asomo, es lance amoroso del alma hacia la libertad. Orar cantando la confianza.

Creer, ¿no es acaso reto a vivir ofreciendo lo más y mejor de mí misma? La conciencia de una vida resucitada y reconciliada por y en Cristo, me lleva a ser anunciadora del gran misterio pascual: vida liberada. Todo se realiza por la confianza. Somos seres eucarísticos, este es el bien que aportamos a los demás, y el bien que recibimos de ellos. Somos pan de vida, somos la Vida que nos vive: CRISTO JESÚS.

Creer en Jesús no es solo seguirle, es fundamentalmente identidad con Él. Él nos hace a su imagen. Somos el Cristo que nos vive. Identidad es dejarle ser, y ser en Él. Y al fin, ser pan de vida, ser Eucaristía. Creerlo y ejercer esa identidad. Todo depende de una identidad: Ser pan de Dios.

El más mínimo deseo de apetecer y poseer algo fuera de Dios, es ya comienzo de la ansiedad. Apetecer solo a Dios es ya comienzo de libertad. Él es la Fuente de nuestra vida liberada. En Dios emanamos vida de Dios.

8. La vida es para amar

Basta amar y hacer bien lo que tengo que hacer para que el día sea tiempo de Dios. Amar y decirlo con la vida, y en la vida, la alegría.

Una actitud firme, decidida y fuerte: servir y amar. Silenciar lo demás y ¡adelante!

Saborear el gozo y la gracia de amar «*al Dios que hace tanto por mí*», saber ver contemplativamente todos los momentos y el siempre de Dios en mí, obrando gracia y misericordia.

La vida es para amar, sin el amor pierde todo su sentido. Un nuevo día comienza para cumplir esta misión y gozarla. Amar a Dios y a los hermanos. Que no traiga otro cuidado sino el amor, o mejor, ser amor. Gozar el gozo de amar.

Amar es la consecuencia de un vivir en Dios. Cuando me sé amada, mis obras son también amorosas.

Orar es esparcir la vida de Dios que llevamos dentro, pequeñas semillas de su amor que recrean el mundo. Oro porque amo y amo porque oro. Orar es amar y dar vida. Orar es mantener limpio el aire de la existencia. Amar es crear eucaristía.

Nada es mi vida si no va orientada enteramente hacia el amor. Es el amor lo que da sentido a la existencia. El amor nos cambia hasta los genes, porque nos va poniendo rostro de Dios. La misericordia dice la semejanza con Dios.

Cuando amanece, para disponerme ante el día, necesito sumergirme en lo profundo de mi ser. Allí, al encuentro con Jesús, mi carne toma su carne y su sangre para emerger mujer eucaristía. De la vida de Cristo Jesús en mí, brota amor y comunión. Las relaciones humanas son cristianas si nos revestimos de Cristo y realizamos vida de Cristo. En este amanecer lluvioso, una disposición buena del corazón hace florecer el jardín de la redención. Y Cristo Jesús es el Sol que todo lo ilumina y hace crecer. Creer solo en Jesús y vivir como Él. Solo lo necesitamos a Él. Con Él, todo fluye en vida realizada.

Mi oración es estar con una presencia y un nombre: Jesús. De mi oración surge una acción: vivir una vida para el Evangelio. Y ser comunión en la dificultad y más allá de la dificultad.

9. El amor expulsa el temor

Cuando la desolación me sacude por dentro, instintivamente me refugio en Dios. Mi casa y mi hogar es Él y «*Al amparo del Altísimo, no temo el espanto nocturno*». Somos y existimos en Él.

Ser consciente que Dios es la presencia que mora en nuestro interior, es revestir la vida de sentido. Lo sagrado es el ser humano. Cristo nos consagra desde dentro. Cada hijo de Dios es pan eucarístico para la vida del mundo. La humanidad es celebración eucarística y cada uno somos alimento para los demás. Afirmar desde dentro nuestra identidad eucarística. Darnos, partirnos y repartirnos, es prolongar y fecundar la vida. Ser hacedores de humanidad es hacer resplandecer el don de Dios en el mundo.

Jesús, tomando nuestra humanidad, nos regala toda su divinidad. Por Él, todos somos presentados a Dios y llevados a plenitud. Nada hay que temer, todo, absolutamente todo, es llevado hacia la realización plena. Todo es acogido y cumplido en el misterio de la gracia divina. A

Dios no se le escapa nada, ni se le pierde nadie. Somos suyos y en Él vivimos. Somos sus profetas y sacerdotes, todos y todas.

Lo único importante a ser creído es que Dios es Amor. Lo único importante a ser realizado es vivir el amor. El modelo es Jesús, Él nos amó y «pasó haciendo el bien». Aprender todo de Jesús y mirarle solo a Él. En todo ver a Dios. Y sabernos siempre en Dios. Somos vividos por Él.

Hay pecado porque existe el amor. Si no existiera el amor, no veríamos el pecado. El pecado es negar el amor, rechazarlo. Vivir el amor es expulsar el temor de todo mal.

La oración nos abre al encuentro relacional con Dios y nos acerca a los hermanos. Sin oración-relación, vamos quedando encerrados en nuestra estrechez, una asfixia agobia el ser. La oración nos trae aires respirables, nos infunde el amor y nos dilata el ser. Orar es soñar una vida para el Evangelio. Amar es realizar el Evangelio. Cristo nos acompaña, su presencia alienta en nosotros el fiel seguimiento. La confianza y la esperanza son siembra de algo nuevo que está brotando ya. ¿Lo estamos viendo? Las fuentes de la confianza y esperanza alegran nuestro corazón y lo hacen florecer de vida de Dios.

La oración lleva a experimentar a Dios como realidad libertadora, como bondad y belleza, como paz y alegría que llena de sentido. El carácter libertador de Dios es esperanza para toda la realidad sufriente. La libertad personal ha de abrir el espíritu crítico ante la realidad sufriente. Liberar todo lo que sufre opresión y exclusión es trabajar en favor del Reino de Dios y su justicia, es ser bienaventuranza del Reino.

10. Sanar heridas

Orar, en ocasiones lo experimento como una realidad fallida. Entonces, y lejos de desesperar, me pongo tranquilamente en la oración de Jesús y en Él devengo orante. Orar con Jesús, orar su oración al Padre. Porque oro en la oración de Jesús soy orante. Soy en el que Es.

Orar nos adentra, ¿hacia qué hondura? Dentro de nosotros ¡Dios! El asomo hacia dentro puede ser espanto de Dios. Nos ciega, nos enmudece, nos desconcierta. El inalcanzable, indecible, el invisible-visible, incomprensible, gracia y misterio. Dios queda humanamente dicho y comprendido en la encarnación de Jesús, que nos lo hace cercano y humano, amoroso y misericordioso. El indecible es amor de Padre-Madre y de amante. En la vida, y para que sea feliz, todo depende del amor. El amor es creador de todos los bienes. Ir hacia dentro, adentrándonos Dios. Sin Él, nada podemos.

Cada uno habla de lo que va lleno. Vacíame de mí y lléname de ti. Dios en el centro de todo y vaya la vida en amor. La confianza nos permite no temer. Y vivir para amar.

Orar es buscar espacios de intimidad amorosa con el Amado, y estarse amando. Todo es cuestión de enamoramiento. Estar enamorados nos lanza a la más intrépida aventura de dar la vida por amor.

Mi fe es solo un humilde sí a Dios, afirmado y sostenido por la gracia. Camino a tientas, con esperanza y confianza, ellas me ponen seguridad y alegría en el corazón.

Solo me polariza Cristo. Solo me entusiasmo por su Evangelio. Los ojos en Cristo y vivir las Bienaventuranzas. Sea esta nuestra libertad y amabilidad hacia los demás.

Orar con Jesús es tocar el corazón de la humanidad y sanar su herida.

Orar, también es asumir y sufrir el duro combate del mundo, el demonio y la carne.

Jesús, pon luz a mis ojos para que te vea. Abre mis oídos para que te oiga. Abre mi boca para alabarte. Abre mi mente para comprender. Activa mis manos para servir. Dilata mi corazón para amar.

11. Orar es mantener limpio el aire de la existencia

Ser orante define una manera de ser y estar, de hacer y pensar. Y sobre todo, una manera de comprender y amar. Orar centra la atención y sujeta la dispersión, controla la distracción y la imaginación, las aquieta y sosiega. Proyectarnos hacia Dios es todo nuestro bien.

La oración nos renueva la personalidad y crea novedad de vida, obra misericordia y libera misericordiosamente.

El obstáculo que ponemos a Dios para vivir la experiencia mística es la dispersión y la distracción. La relación que tenemos con Dios y con los demás pone de manifiesto lo que somos. Somos lo que dejamos hacerle a Dios. Orar es mirar a Dios con «*atención amorosa*».

Si Dios nos halla abiertos a ser recibido, no se tarda en darse y regalarnos, Dios se da a gustar. Quiere ser saboreado por mí. Quiere saborearnos.

Orar nuestra realidad de peregrinos nos hace descubrir la presencia y providencia de Dios a lo largo del camino. Jesús, el gran peregrino, camina a nuestro lado. Él conoce nuestra pobreza, no nos abandonará. Siempre confiar en Dios. Y avanzaremos.

Orar es mantener limpio el aire de la existencia.

Quien ocupa nuestro espacio interior es Jesús. La oración nos impregna de su vida, de su Palabra y de su persona. En definitiva, nos va conformando e igualando con Él. Somos encarnación de su Encarnación, somos Eucaristía.

Orar para renovar y purificar el aire, expulsando de nosotros la violencia que nos hace víctimas de nosotros mismos y agresores para los demás. Orar nos va dulcificando. Orar nos va amoroseando.

En ocasiones, orar es solo ayudarme a sujetar «la cabra loca de la casa». Dios es siempre una presencia que serena y atempera.

La psique humana es un bosque denso y enmarañado, difícil de penetrar. Hay que tener coraje para abrir camino en la espesura. En el fondo del corazón apunta una intuición que nos estimula a avanzar ante lo imposible. La vida orante es un potencial libertador que ve el asomo de la luz en la más densa oscuridad. Avanzar, atravesar, liberar.

12. Ser orante es ser amante

Creer es fundamentalmente confiar. La confianza nos abre a recibir la sorprendente novedad del Espíritu.

Oro para sentir la esencia que me penetra el ser y lo robustece. Orar es impregnarnos de Dios. Ser orante es ser amante del Dios AMOR. El amor es revolucionario, expulsa la maldad y lo envuelve todo en bondad, el amor crea la justicia. Amar es lo contrario de controlar e impedir, es reto que nos lanza a construir y hacer florecer bondades y posibilidades. El logro de amar es una imparable creatividad que abre caminos para liberar. Nada está cerrado y perdido para siempre. La creatividad positiva y constructiva del amor sana la realidad negativa, resucitando y destruyendo el mal. La vida, la libertad, la alegría, la paz. Todo lo realiza Dios en nosotros para nuestro bien.

La oración no nos hace pasivos ante la injusticia, más bien nos dispone con actitud pronta, para solidarizarnos con el sufrimiento ajeno y reclamar libertad y dignidad humana para los hijos e hijas de Dios. Si no denunciamos la injusticia permaneciendo callados, sucede que el poder se crece subyugando y controlando las conciencias, y la injusticia se propaga. Permanecer en silencio ante esta realidad, nos hace culpables de un pecado, de una culpa y de la hipocresía. «*Caín, ¿dónde está tu hermano?*». Que la contemplación nos lleve a la acción libertadora. El místico no es un estático inactivo, el místico vive adherido a Jesús y su causa de acción libertadora.

La vida de cada cristiano ha de ser un testimonio vivo y real de la experiencia concreta del encuentro y relación personal con Jesús. Nosotros también somos testigos del Crucificado-Resucitado, tal como lo fueron sus primeras discípulas. La fe es afirmada y queda afianzada cada vez que vivimos signos de resurrección. El sí de la fe es experiencia resucitadora y libertadora de nuestro ser adherido al Resucitado que nos vive y vivifica.

13. Somos ricos para dar

Señor Jesús, «*crea en mí un corazón puro*», para que brote un caudal de misericordia hacia los hermanos. Que nuestra mirada refleje la bondad de tu amor que llevamos dentro, que a nuestro lado todos se sientan amados y arropados con entrañas de misericordia.

Señor Jesús, haznos sencillos y humildes de corazón como Tú. Que aprendamos de ti a ser hermanos, danos la gracia para hallar nuestro gozo en el amor y servicio mutuo. Que amar y servir sea nuestra alegría y fiesta del corazón.

Señor Jesús, que la gracia de tu Espíritu Santo nos infunda humildad y sencillez. Que sepamos fundamentar nuestro gozo y alegría en amar y servir a los hermanos. Aparta de nosotros la tentación de sucumbir al poder y los honores.

Señor Jesús, por tu gracia, nosotros somos eucarísticos. Nuestra abundancia saludable debe ser repartida, para que todos vivan la dignidad de hijos de Dios. Que la indignidad humana sea desterrada de nuestro mundo y no permitamos que nadie coma y viva de las simples migajas de nuestros egoísmos. Somos ricos para dar.

Gracias, Señor, porque nos has dado la responsabilidad de trabajar en tu viña. Todo lo pones en nuestras manos para que produzcamos frutos de santidad. Tú te fías de nosotros, cuidas nuestro corazón, lo limpias y lo llenas de bondad. Nuestro corazón es la viña que labramos cada día, danos gracia para que los frutos sean de tu agrado, y bendícenos con tu amor.

Gracias, Señor, porque tu gracia nos protege, tu gracia nos salva. Guardados estamos en ti, Tú siempre nos acoges y amparas. Que tu luz guie nuestro camino, que nunca nos alejemos de ti, nuestro único bien. Fuera de ti nos extraviamos, sin ti, nuestro terreno se seca, alejándonos de ti nos deshumanizamos. Volver a ti, a tu casa, hogar de amor. Revístenos de ti.

Padre, en tus manos ponemos nuestro ser, trabaja nuestro terreno con tu amor, para que produzcamos los frutos que la humanidad necesita comer. Alumbrar una vida para el Evangelio es la exigida tarea que encenderá un fuego de amor en la tierra. Que nuestro corazón sea el terreno de la posibilidad y sea su fruto el amor.

Señor Jesús, nos acogemos a ti, y en ti descansamos nuestro ser. Nada nuestro, por oscuro que sea, te es extraño. Tú has crucificado nuestro mal, has bajado a nuestros infiernos y nos has rescatado. En tu Resurrección has lavado y curado nuestras heridas. Por ti se alegra nuestro corazón, porque Tú nos miras y nos amas.

Te damos gracias, Señor, porque nos enseñas a amar como Tú nos amas. Que nuestro seguimiento de ti, quede determinado por el amor, el perdón y el servicio a los hermanos. Empezar por gestos muy pequeños, hasta dar la vida por todos. Que seamos fieles al amor será gracia de tu presencia en medio de nosotros.

14. Amar sin límites
y con libertad

Tener certeza de la cercanía de Dios, es abrir un camino de confianza y sabernos en segura compañía. Dios, como Padre-Madre, nos lleva de su mano. Nunca estamos solos, Jesús nos vive dentro.

«*Mis caminos no son vuestros caminos*». Aceptar los caminos de Dios. Su misterioso recorrido ¿Dónde nos lleva? No tengo respuesta para lo que me excede. Ya solo me queda una serena espera llena de confianza. «*He combatido bien mi combate, he caminado hasta la meta, he mantenido la fe*».

Tras la travesía del desierto, y en un recorrido que duró cuarenta años, Israel llega frente a la tierra prometida. Ha cruzado el desierto en una andadura durísima. Muchos han muerto en la penosa travesía. Ahora se hallan ante la tierra que Dios les había prometido dar. Moisés la contempla y muere. Así me sitúo a mis cuarenta años de vida religiosa. He cruzado el inmenso desierto y me he agotado en el difícil recorrido. Ahora, mi tiempo es espera. Y sin desesperar, me hago más orante que nunca para seguir confiando. Esperar con la lámpara encendida y vigilancia prudente. Esperar. Dios viene y ya llega. El tiempo y el momento, el cómo y cuándo es cosa de Dios. Yo espero orando y confiando. Y en el *mientras tanto* de la espera, sigo ofreciendo mi pobre servicio. Gastarme y desgastarme sirviendo hasta el fin. Todo lo hace el amor.

Todos llevamos dentro realidades que nos oprimen, nos asfixian, nos atormentan y nos esclavizan. Somos seres frágiles y menesterosos. Llevamos un intenso anhelo de liberación. Jesús, con su venida, ofrece a todos un estilo de vida que abre esperanzas de sanación y liberación. Jesús pone su mano misericordiosa sobre nuestras heridas para curarlas. Dios nos quiere en novedad de vida y en plenitud de vida. La esperanza alcanza a todos. La libertad también. El Resucitado nos ha alcanzado y sanado a todos. «*Sus heridas nos han curado*».

Jesús es todo nuestro bien. Adheridos a Él vamos bien acompañados. Relativizar todo lo que no es Él, hasta la misma religión. «*Quien ama cumple la ley entera*» y hace lo que realmente a Dios le agrada: Amar sin límites, sin fin y con libertad.

Quien vive a Jesús es tan libre que puede hacer tambalear todo lo oficialmente establecido. Jesús nos dio un mandamiento: «*Amaos los unos a los otros como yo os he amado*». Y nos dio una identidad: Ser Eucaristía. Somos pan de Dios para darnos a comer unos a otros. Este es el sacerdocio de Cristo en nosotros y nuestro sacerdocio en Él. Celebremos mutuamente lo que somos: Eucaristía.

En las honduras de mí misma, me hallo con la paz de Cristo. Allí puedo sumergir mi carne, en el mar de carne y sangre de Cristo. Y devenir allí nueva humanidad. En las honduras de mi ser, se forja la nueva creación que soy en el Resucitado. Tocada por Jesús, emerger renovada en mi carne y sangre, en mi mente y corazón, en mi ser, hacer y amar. Cada vez soy más lo que se realiza en lo profundo de mi ser que lo que soy como simple creación natural. Humanidad nueva es dejarse tocar por Dios. Un bautismo de toques divinos que humanizan nuestro proceder y divinizan nuestra humanidad. En las honduras de mi ser, Cristo me vive haciéndome Él. Cuando entro en las honduras de mi ser, emerjo en novedad de vida. Ya no puedo ser la que entró. Soy la que emergió hermoseada por la gracia que me tocó y me liberó.

15. Somos en el que es

La oración, en muchas ocasiones, puede pasar por una insoportabilidad.

Dios habla en el callado amor. Dios activa acción amorosa en mí hacia los demás.

Todos estamos hechos por Dios y para Dios. Dios es nuestra posibilidad humanizadora. A más humana, manifiesto el Dios que me vive y humaniza. A más vida de Dios en mí, más humana para los demás.

Dios está en mí, hace posada dentro y se me muestra. En Él, derribo el «yo» idolátrico que también llevo en mí. Dios quiere enseñorearme haciéndome dueña de mí.

Orar es adentrarnos en el fondo sin retorno. Y cada día soy novedad de la hondura conquistada o adentrada. Que Dios nos adentra en Él. Y el Grande nos engrandece.

A medida que me adentro en la vida orante, ya no hallo disgusto de mí, sino que saboreo el gusto por Dios dentro de mí. Y el gusto por Dios lleva al gusto por los hermanos, nos hace Eucaristía para ellos y los recibimos como Eucaristía para nosotros. La Eucaristía es «comernos» unos a otros. Somos alimento para los demás. Fue lo que hiciste Tú, darte para ser comido.

Si soy consciente de que Dios ES, entonces sé que soy en el que ES.

El que ES ama. Cuando me sé en el que ES, no puedo más que amar.

¿Cómo sé que en la oración ha habido encuentro? Cuando sé que solo quiero ser amor y decirlo con la vida ofrecida. Cuando me hago Eucaristía dándome y repartiéndome. Cuando soy hermana con las hermanas.

No desligar la oración de la vida. Ser orante. El ser sostiene y alienta el hacer. Orar es amar, servir y perdonar.

En mis momentos orantes, Jesús es la paz de Dios. Estar con Él es ver ensanchar la paz. Y se calma la embestida del oleaje del mar. En mi barca, Jesús amansa el oleaje.

La paz percibida y gustada, es el don, o denario, que hoy tengo para compartir y hacer producir. Paz gustada, paz regalada.

La oración toca y sublima la carne y la sangre, la atraviesa, la crucifica y la redime. De lo carnal a lo espiritual, de lo psíquico al neuma. De lo caduco a lo trascendental. De la lucha a la paz. Del conflicto a la reconciliación. De la muerte a la vida. Somos vida de Dios, porque Dios nos vive dentro, nos resucita. Jesús nos hace lo que Él es: Eucaristía.

16. Orar nos equilibra

Orar es el gusto de estar con Dios que vive complacido en mí. No por sentimiento, siempre es encuentro en la fe oscura y segura.

Orar es tener conciencia consciente de una presencia y una pertenencia. Eres Tú y soy tuya.

Orar comienza por un deseo interior de encuentro, adentrándonos. Todo queda fuera, solo yo entro dentro a solas con Dios solo. Y permanecer. En Dios hallo toda la humanidad que debo amar y servir. Amadora y servidora como Jesús.

Orar, Dios me pone de buen humor. Me carga las pilas, me flexibiliza y mueve a risa. Que Dios tiene buen humor y me lo traspasa. Andar alegre con Jesús y con los hermanos y hermanas.

Cuando oro, saboreo a placer lo preciosa que Dios me ha hecho por dentro y por fuera. Dios es embellecedor de humanidad. Y me llena de alegría. A Dios le deleitamos. Me abre la sonrisa, porque me dice que soy guapísima.

Jesús, querer estar contigo es ya comienzo de la alegría, sí, y de andar en amor también. Es comienzo de ser libre en el libertador. Y así nace la comunión entre las criaturas y la creación. Nace la vida eucarística, esa identidad que Tú nos ofreces. Hechos estamos para ser amor que se comunica.

Orar, ser y estar con el Amado. Dios Amor se ha hecho amante para que yo me sepa acogida y cubierta de amor. Soy en el AMOR. Orar es impregnarnos de amor. Ser amor, sembradores de amor, es sacarle a la vida su mejor versión de humanidad nueva: Vida en el AMOR. Zambullirnos en el amor. El que ama comparte. El que ama alegra. El que ama da la paz. El que ama se sacrifica. El que ama es fiel. El que ama se libera. El que ama se hace comunión con la humanidad. El que ama perdona y salva como Jesús. El que ama celebra lo que es: Eucaristía.

Oro porque quiero vivir enterada siempre de que la realidad primera y última es Dios y los hermanos.

Orar nos equilibra, nos pone en la raya justa entre los extremos y los abismos, sin caer en ellos. Orar nos mantiene en el punto justo de la sanación y la salvación. Orar nos asienta en la paz y la estabilidad. Orar, punto justo del equilibrio del gozo y la serenidad. Equilibrio, punto de la justicia y la humanidad. Orar nos lleva a conocer el ser, su entorno y su límite. Conocer y aceptar el límite. Somos humanos y somos limitados. Solo Dios es el sin límite y solo en Dios rompemos los límites. Orar nos mantiene en el equilibrio de los extremos.

Oro, porque la humanidad gime y oigo su dolor. Y oro, para que la humanidad conozca la acogida de Dios, su amparo y su amor.

17. En el corazón orante cabe la humanidad entera

La oración es el lugar de la posibilidad de sanación. La oración es el encuentro con Jesús, y en Él, volcamos todo lo que nos afecta. En la oración se va vislumbrando la actitud a tomar y el camino a seguir. La turbación se serena en la oración. La presencia del Amado evapora las inquietudes y nos abre a la alegría de una libertad sin límites. El amor nos pone en el servicio alegremente ofrecido.

En el corazón orante cabe la humanidad entera. Ningún dolor está fuera del corazón que sabe de amor.

A la luz de una vela, orar el amor.

En la oración se impone un silencio y se aviva la atención, la vigilancia del corazón. No es lo que yo pienso, pues la oración no va de pensares. Se trata de lo que el Espíritu me inspira en el alma. La oración va de comunión y comunicación con Jesús. O también de su silencio.

A veces, orar es un descansado sueño de potencias. *«Dios lo da a sus amigos mientras duermen»*.

Señor, la historia vivida, ¿adónde va quedando? Lo importante ha sido saberme en ti y hallarte dentro de mí. Mi empeño ha sido vivir al modo de tu humanidad, *«pasar haciendo el bien»*, aunque a veces me sale muy mal. En fin, puedo amar porque soy amada.

¿Dónde vive Dios? Si está en todas partes, qué importa dónde voy o esté yo. A la intemperie de la vida, Dios nos hace un hogar. Lo hallo dentro de mí.

Orar nos asciende al cielo sin dejar de pisar este suelo. En la oración percibo ser succionada por Dios, sumergida en Él. Soy carne y sangre, encarnación de Jesús. Ser cristiano es presencia, vuelta y cercanía de Jesús que está y permanece dentro de nosotros y en el centro de todas las cosas. El seguimiento de Cristo lleva consigo ser y vivir como vivió Él. Tú has levantado nuestro ser y pones palabras a nuestra voz, inspiras nuestro proceder en favor de la fraternidad que nos iguala. Todas las personas somos en ti, Cristo Jesús. Ninguna exclusión es tuya, ni del Evangelio. Hombres y mujeres somos tu realidad encarnada, tu sacerdocio nos hace sacerdotes a todos, Tú nos haces Eucaristía, somos pan de vida para que el mundo viva.

Todo depende de nuestra identidad: Ser amor, ser Eucaristía.

Orar es andar en enamoramiento. No es pensar, es amar. «*Velad y orad*». A la luz de una tenue vela sigo orando.

18. Orar es recibir
gracia tras gracia

Si Tú no me adentras, yo soy pura dispersión y distracción y me quedo en la superficialidad, imposibilitada para ir hacia dentro. Adéntrame Tú en ti, en mi centro.

Si orar fuera un método para alcanzar a Dios, me haría maestra de oración, enseñando fórmulas y maneras. Orar es un acto de abandono y confianza, una gracia que se nos da. Es Jesús quien ora en nosotros, configurándonos en su amor. Orar nos pone en amor. Él es nuestra oración.

Orar nunca es lo que yo hago o logro. Orar es lo que se me regala, recibir gracia tras gracia. Y lo que se nos da como gracia hay que ofrecerlo como regalo a los demás.

Dios siempre se nos da y nos regala bienes —esté yo como esté y más allá de mi sensibilidad—, es importante forjar en mi interior el agrado de estarme con Él. Nunca es el gusto sensible.

Es la seguridad en la noche oscura y segura. Oro porque estoy segura de Dios, *«aunque es de noche»*.

Orar nos permite estar contenidos en nosotros mismos y ante una presencia personal que nos vive y nos ama. Salir de puntillas y delicadamente al encuentro con los demás. Serles susurro suave y amante.

Orar es ser amor y comunión para el hermano y hermana que necesita comer mi pan y beber mi amor. Ser una comunión y comunicación. Somos una identidad: Eucaristía. Banquetear el amor y comunión universal.

Cuando oro se ejerce una cierta tensión de atención y escucha. Ahora dejo que Jesús ore y yo me descanso acunada en su oración. De la tensión al descanso. Del hacer yo, a dejarle hacer a Él. Todo lo hace el Espíritu Santo.

En cada amanecer, tempraneas para regalarme tu amor a modo de fuego de sol y nubes que alfombran y tapizan los vacíos de la intemperie de los cielos. Tú eres el artesano de la creación y el artista de la belleza. Pequeña criatura tuya soy, y en mi débil humanidad, sufro la fragilidad y la menesterosidad, más también experimento la robustez de tu semejanza, que a imagen tuya me haces. Amparada estoy en ti y «cantaré eternamente tus misericordias». En ti hallo la dicha de ser y existir. Cada día amanezco para una misión: Ser Eucaristía para que el mundo coma y viva. Como Tú, Jesús, mi vida queda ofrecida como una Eucaristía en la cima de la montaña, en la piedra de los campos, en la barca sobre el mar, en el aire de los cielos, sobre la mesa de los hogares, en las calles y plazas de los pueblos y ciudades. Sí, mi vida queda ofrecida con mi carne y mi sangre, carne y sangre tuya soy. Ser contigo humanidad nueva y nueva creación, fruto de tu resurrección. Somos Eucaristía, pan y vino que da vida. Significar lo que somos es reto y tarea que celebra la comunión. Ser Eucaristía es mi profunda identidad contigo y lo celebro.

19. Orar el amor y el perdón

Oro, abrigada en Dios, porque mi oración está insertada en la oración de Jesús. El orante es Jesús.

Oro porque vivo y vivo porque oro. Oro porque creo y creo porque oro. Oro porque amo y amo porque oro. Al fin, orar es estar con el que Es. Y basta.

La salmodia es la oración del corazón humano agradecido y desgarrado, atribulado y esperanzado, herido y sanado, doliente y gimiente, en soledad y amante. Salmodiar es orar toda nuestra humanidad frágil y herida, la que ha muerto y la que vive, la que está por venir. Los salmos son la palabra y la voz de la humanidad, abierta a Dios, decires de amor y dolor de los hijos e hijas que se dejan configurar por «*el Padre de las misericordias y Dios de toda consolación*». Orar cantando: «*En la mañana, Señor, hazme escuchar tu gracia*». Orar y pensar la Presencia, para tener consistencia amante. Oro porque amo, oro porque vivo, oro porque creo. Oro el amor y el perdón. Que Dios es todo y solo AMOR.

Oro en la presencia envolvente de Dios. Dios, salud de mi alma. Calor en los fríos de mis soledades. Tu presencia sacia mis apetencias, las equilibra. Mis tropiezos y el imprevisible dolor que causan. El alma se resquebraja como cristales rotos. De mi soledad asoma una presencia invisible y sentida, y tocas mi carne herida. Tú, ángel de buena noticia, me liberas de mi negra cautividad. Me lavas en el mar de tu inmensidad. Mi alma sale purificada.

La oración es relación personal con Jesús, el Tú a tú amoroso. Jesús es el referente en el que me quiero mirar. Su Evangelio la vida a realizar. Cuando oro, algo de mí se va configurando con Él: el compasivo, el misericordioso, el que cura, el que libera, el que perdona, el que envía, el que salva, el que ama, el que ora, el que da la paz, el que abre camino, el que dice verdad, el que nos quiere hermanos y amigos, el que nos ha traído el Reino de Dios, el que nos muestra al Padre-Madre. Jesús, el que nos redime.

Mi oración es solo la oración de Jesús. Él es el que ora, yo me adhiero a Él. Solo Él es el orante. Cosas raras y santas del Espíritu Santo.

20. Solo Dios basta

Vivir de la permanente conversión es experimentar imperceptiblemente ir pasando de lo instintivo y racional a lo transcendente y espiritual junto. La conversión nos adentra en Dios y nos infunde semejanza. La conversión nos humaniza en la humanidad de Jesús.

Oro para que, en la Iglesia, hogar de la fraternidad, todo sea justicia del Reino, en servicio pobre y humilde, y amar sea nuestra gran verdad. El amor ha de ser justicia para las mujeres en la Iglesia. Donde hay exclusión no hay justicia. Así de grave es.

La oración es siempre transformadora del ser y del hacer. Más allá del gusto o disgusto en el sentimiento, Dios nos transforma en la oscuridad de la fe.

No abandonar nunca la oración, ella es portadora de bienes. Dice santa Teresa: «*No me parece es otra cosa perder el camino sino dejar la oración*» (V. 19,5).

Oro para que el amor arraigue en el corazón y la mente se abra a la comprensión. En la noche de la fe, asoma un despertar luminoso. Orar es enterarnos de que Dios nos ama y se nos da como Dios. Darme yo como amor capaz de crear libertad.

Solo creer en Dios. Solo buscar a Dios. Solo necesitar a Dios. «*Solo Dios basta*».

Entre Dios y la persona ¡nadie interfiera!

Sonrío porque Dios ríe dentro de mí.

La humanidad, menesterosa, está llena de gracia. Y no nos enteramos. Jesús está pendiente de nuestra necesidad para cobijarla, para curarla, para dignificarla.

A la tenue luz de una vela discurría mi oración. Y resplandecía el Reino de Dios.

Orar recogida en la oración de Jesús. Él ora mi oración. Yo oro en la suya. Él y yo juntos, somos oración. Alguien en el mundo se refugia en nuestra oración y le llega una tierna alegría.

La Iglesia es el hogar de la misericordia. Nuestro ser y hacer debe rezumar misericordia y justicia del Reino.

En la oración, la palabra a ser escuchada es la Palabra de Dios. Ella nos reviste de las actitudes de las Bienaventuranzas del Reino que garantizan el amor, la justicia y la paz. Orar es también escuchar los gemidos dolientes de la humanidad. Atender su necesidad.

La clara verdad de la vida unida a Cristo Jesús, queda reflejada cuando vivimos la solidaridad, la comunión y el amor de unos con otros. Cuando orar es amar. Cuando nos comulgamos unos a otros. Somos Eucaristía para vivir la comunión. Todo depende de nuestra libertad en Dios, no de lo oficialmente establecido.

La oración es una profunda polarización al Jesús humano orante y al Resucitado viviente en mí, que me transforma en Sí. Orar es vivir a lo humano-divino a la vez. Somos toda su humanidad en proceso de su divinidad. No nos vivamos fuera de Dios.

Tú, Amor de todo amor, nos vives y nos envuelves en tu amor. Amados somos y amparados estamos en ti, tan seguramente salvados. ¡Qué buena vida tenemos en Dios!

21. Orar el gusto de una relación

Lo que voy a ser en la plenitud de Dios, lo comienzo a vivir en este acá humano y precario. Mi realidad divina se visualiza en mi realidad humana vivida en amor y entrega generosa. Ser amantes, nos hace creadores de una ternura que lo abraza todo y revela nuestra vida en Dios.

El Maligno, no solo tienta al ser humano, se atreve incluso a desafiar a Dios. Tiene la astucia de convertir la tentación en algo apetecible, atractivo, seductor, vital, hasta devenir necesario para la felicidad. Su engaño es sutil. Tú has vencido nuestro mal. En ti, nuestra seguridad.

He visto los ojos de Dios. Su mirada ha quedado clavada en los míos. El mirar de Dios engolfa en amor. Los ojos de Dios son el espejo donde se reflejan sus bondades. Los ojos de Dios son de amores y colores.

El cristianismo es seguimiento de Jesús y vivir una vida para el Evangelio. No es encumbramiento, es abajamiento. Servicio humilde a los pies de la humanidad. No es exclusión hacia la mujer, es integración. La justicia de Dios pondrá en verdad la igualdad de la mujer en la Iglesia y purificará la injusticia del abuso de poder hacia ella. Tú ya lo has comenzado para nosotras.

Los planes de Dios son de liberación. En lo imperceptible, se gesta una nueva puesta en marcha. Lo inesperado sucede y la confianza ve romper cadenas opresoras. Los sometidos son liberados y enaltecidos.

Madrugo, me asomo a la ventana, comienzan a despuntar los levantes de la aurora y pienso en Dios. Para caminar este nuevo día, Dios sea quien guíe mis acciones en el amor.

La savia de la vida la hallo en este estar contigo, o en este estar Tú conmigo.

La vida del Resucitado obra en nosotros la nueva condición humana: Amados, amantes y amadores de la justica, la paz y la alegría. Libres y libertadores. Señores y no esclavos. Hermanos, fraternos y sin amos. Dios, Padre-Madre de todos.

Mi oración es el gusto de una relación, un estar mirando y gustando que Él me mira, estar con Jesús, percibir su presencia. Sensiblemente no acontece nada, pero siempre se produce alguna bondad, una amabilidad, algo se suaviza y amansa. Nunca sin Jesús, siempre y en todo Él, me acompaña y conduce, si yo le dejo.

22. Orar me lleva a saber quien soy

Y Jesús sigue preguntando: «¿me amas?». «*Señor, Tú lo sabes todo, Tú sabes que te amo*». Tú me has atraído y me llevas por tu camino, Tú me ayudas a asumir mis noches esperando confiada el amanecer de tu luz. Tú afirmas en mí el sí de la fe, tantas veces amenazada por los desalientos que me llevan a sucumbir. Tú mantienes la zarza ardiente que alumbra una vida para el Evangelio. Tú me dices: *camina junto a los hermanos, solo ama, yo llevo la carga, nada turbe tu corazón*. «*Tú, ¡sígueme!*». Y te das a comprender.

Cada amanecer afirmo mi convicción de una vida para el Evangelio. La figura de Jesús, central en mi vida, es todo lo que quiero ser y vivir. Amar y decirlo con la vida ofrecida en servicio a imitación de Jesús, que «*pasó haciendo el bien*». «*Si alguno quiere venir en pos de mí, niéguese a sí mismo, tome su cruz y sígame*» (Mt 16,24). Que el Espíritu Santo nos de su gracia para aprender a vivir amando en los caminos de la vida y en medio de la humanidad.

Para ser más yo misma, te he de ver y hallar en mí. Se satisface el alma cuando te sé y percibo dentro. Se cura el ser, los genes y la psique con tu presencia y figura, aunque sea en la noche oscura. Saberte en mí, es ya vislumbrar los levantes de la aurora.

Oro, y Dios me muestra verdades. Orar me lleva a saber quién soy yo, y a balbucir temblorosamente quién es Dios. Una convicción, soy porque Dios me vive y me hace.

La gracia consiste en que la vida del Resucitado se propague en la tierra y dentro de nosotros para nuestro bien.

Ante Dios, puedo aceptar serenamente mi pobreza y pecado. Ante Él, recibo la seguridad de su gracia, amor y perdón. Jesús me ha rescatado. Estoy salvada. Libres nos hace Dios.

Tú pones en nuestro corazón el deseo de amar y perdonar. Comienza una siembra que puede saciar todas las hambres de la humanidad.

Nosotros, como Tú, solo hemos de amar. Obrar el amor trae todos los bienes, porque el amor crea la justicia y obra la felicidad.

Paseaba en silencio por el campo, la hierba verde y fresca de la primavera era un canto de perfume y color. El vuelo de las palomas un mensaje, y escuché en el silencio el susurro de tu voz: «*Yo Soy el que Soy*»; «Ve, yo te envío». Y comienza a cambiar la realidad. La libertad se abre camino porque Dios va por delante.

23. Orar es el inicio de una sanación

Orar, oro siempre. Al fin, soy orante. Orar, amar, servir, ser libre. En Cristo Jesús, orar y servir es todo mi ejercicio.

La Eucaristía es dejarse hacer por Cristo. Él me amasa para devenir Él mismo, cuerpo y sangre de Cristo para que el mundo viva. El amor que nos regalamos unos a otros es el auténtico pan de Dios que realiza la comunión.

Cuando oro, percibo que Dios se deleita hermoseándome.

Cristo Jesús, hallándote en mí, miro que me miras. Cuanto más me doy, tanto más me llenas el ser, para más seguir amando, dando y regalando. Tú me colmas plenamente.

Ahora mismo, solo busco adquirir la mente de Cristo. Tenerle a Él es todo nuestro bien. Su persona y su Palabra es la guía orientativa de mi vida. Nadie piense por mí. Elaborar mi pensamiento según el modelo que me marca el Evangelio. Gozar de una libertad interior, la de hijos y no esclavos. Nunca subordinados ni sumisos a ningún sistema de poder.

Ver los ojos que me miran, para contemplar la mirada con la que soy amada.

Mirar a Jesús para adquirir la mirada de Jesús. Ver todo con sus ojos, será realizar todo con su amor. Corazón misericordioso.

Orar no es discurrir ni considerar realidades. Orar es sabernos amados por Dios, descubrir verdades, adquirir convicciones y proclamar bondades. Orar es devenir Evangelio.

Orar es el inicio de una sanación. Dejar entrar los ínfimos e imperceptibles rayos de la iluminación que el Espíritu infunde en nosotros. Permanecer ante Dios y dejar que obre como Dios.

Tú llevas nuestra humanidad a un destino glorioso. No al temor de un juicio, sino a la esperanza de tu segura acogida en abrazo amoroso de Padre-Madre. Vivir de confianza dice la esencia de nuestra fe.

La oración es el lugar de la intimidad con Dios. Lugar donde nace la fuente del amor y perdón, donde se ilumina una vida para el Evangelio y donde se recibe el coraje para encender un fuego sobre la tierra que ilumine las Bienaventuranzas del Reino. En la oración se afirma el amor para vivir vida de amor. Ser testigos del amor. El amor crea la comunión.

24. Orar es aventurar la vida hacia lo interior

A veces, me parece que orar es el arte de saberme acurrucar en Dios. Quedarme en Él y descansar.

Cuando lloro en la oración, Dios mece mi pena y mi dolor, y me duermo. Dios también canturrea nanas, para descansarnos en Él.

Orar, estar Tú y yo; como preparándome para saber estar con los demás en amor. Porque esto tiene el amor, que me lleva a orar. Orar engrandece el amor, y el amor pone verdad a la oración.

Orar este momento no es sino darme el placer y contento de estar a gusto con Jesús. Una tranquila certeza de que basta estar así, disfrutando con quien sé que me ama.

Cuando experimento desolación y asomos de frustración, cuando las dificultades y obstáculos, las tentaciones y las decepciones me acorralan ansiando huir o desesperar, sé que debo volver a confiar, mantener la esperanza, proseguir en la perseverancia y volver a decir sí a Dios, «*al Dios que hace tanto por mí*». Decir sí a Jesús y a una vida para el Evangelio desde la crítica constructiva.

Ser orante es aventurar la vida hacia el interior, construir y trabajar la historia desde dentro.

Cristo es el camino que conduce a todos los bienes. El Cristo que me vive me hace según Él es. Me miro y no lo veo; cierro los ojos y resplandece. Ser en Cristo Jesús me pone en comunión con todas las religiones y toda la humanidad. Nada me descentra de Cristo Jesús.

Cristo es el modelo a imitar para devenir humanos en plenitud. Su decir y obrar es amor. Nosotros, pobres en el saber y mediocres aprendices del amor nada más, pero no nos detengamos en nada menos. Pongamos nuestro ser entero en amar y servir.

Tú y yo tenemos una cita. Me presento, pero no sé estar. La dispersión es una fuga fatal, una cabra loca. Impide el encuentro, evade la relación. No desfallecer y perseverar. Quien está es Dios, Él permanece y tira de mí.

Amar requiere un delicado cultivo que debemos cuidar con ternura. Somos y vivimos lo que sembramos y alimentamos.

Quien entra y penetra contemplativamente ante Dios, no sale como entró. Queda transfigurado.

La obra creacional de Dios es el arte de amar, hacer Dios que todo sea bueno y bello. Que el caos devenga cosmos, es ordenar todo hacia el amor.

25. En la noche esperar tu día

Si buscas fuera de ti, no te encontrarás. Si buscas dentro de ti, te hallarás y comprenderás. Lo esencial está dentro de ti.

No dispersarme nunca de mi adhesión a Jesús. Permanecer centrada en Él. Fuera de este centro solo hallo vacío y viento.

A solas y en soledad, trabajando la paz, poniéndome en vacío, desnuda, limpia, libre, orante. Me vas llevando por donde no sé. Conformada estoy en tu hacer y en mi no saber.

«*Por la mañana sácianos de tu misericordia, Señor, y toda nuestra vida será alegría y júbilo*» (Sal 89). Cuando amanezco, me sitúo serenamente ante Dios y oro; tomo conciencia de quién me vive y la transformación que el Dios de la vida trabaja en mí con amor misericordioso. «*Confiad siempre en el Señor, porque Él es la Roca perpetua*» (Is 26).

«*Mi espíritu en mi interior madruga por Ti*» (Is 26). Orar es ponerme de lleno ante el Amor y desayunarme de amor.

Asumir el silencio como condición para la atención amorosa a Dios que habla en el silencio del callado amor.

Ser cristiano es creer en Jesús y seguirle. Vivir una vida para el Evangelio. Las obras del cristiano son las que realizó Jesús: amar, perdonar, servir, curar, dar vida. El amor es el culto que Dios acepta y en el amor todo queda cumplido. *«Amar es cumplir la ley entera»*.

Cuando Jesús da un toque de iluminación, todo se enciende, todo se alegra, nuestra carne resucita y florece. Nuestra palabra es un sí afirmado a Dios. *¡Hágase según tu palabra!*

«Los ojos en Cristo» y la mente y el corazón y el ser entero en Él y para Él, y con Él para los demás. Dios es lo que se hace en la Encarnación de Jesús; solo mirando su humanidad percibimos su divinidad.

En la noche espero tu día sin desesperar, aunque me pese la noche y la espera. En la noche, permanece el deseo de Dios, y este deseo ¿no es acaso el comienzo de un despertar y clarear? Abrazar la confianza, ella atempera las inquietudes que anidan en el corazón.

«*Rabboni, ¿me llamabas?*». Tratar contigo como enamorada. Que Tú me reclamas. No distraiga yo la mirada. Mantener este centro, morar dentro. Que soy alma blanda, que no blanca, pero sí enamorada. Vístame tu amor de sol.

Bucear en el océano de la Palabra, es permitirle a Dios que nos ilumine para hallar verdades y ponernos en la verdad. «*Yo soy el camino, la verdad y la vida*».

26. Siempre puede asomar una alegría del corazón

Pensé: Hacer a Dios a nuestra imagen es empequeñecerlo. Que Dios nos haga a su imagen y semejanza, es engrandecernos.

El contemplativo, cuando ora, intenta ver, comprender, amar. Estar serenamente en Dios basta, aun sin saber ni comprender, basta. Y es que «*Solo Dios basta*».

En la oración alimentamos el amor para ser y regalar amor. En la oración se produce la sorpresa de la transformación del ser en el Ser. El Grande nos engrandece, igualándonos y santificándonos.

En la oración lo que prima es la confianza, fiarse de Dios al fin, y esperarlo todo de Él. Orar es amar y confiar.

Cuando el corazón ora, la mente se serena. Entonces, las actitudes son lo más aproximado a la alegría, la justicia, el amor y la paz. Siempre puede asomar una alegría del corazón.

Jesús, Tú en mí, me haces encarnación tuya. Carne de tu carne y sangre de tu sangre. Una vinculación tal que, soy en tu Ser. Encarnada en ti, soy reflejo de tu presencia, tu pan y vino. Darme como Tú para ser comida, y que, por mí en ti, el mundo viva vida de tu Reino. Ocuparnos de que la necesidad esté abastecida, el hambre saciada, la enfermedad curada, la libertad cumplida, la fiesta alegrada, la fraternidad vivida, la justicia brille y la paz reine. El abrazo de amor que acoge y abriga. Somos carne de tu carne y sangre de tu sangre. Somos Corpus Christi.

El cambio social se va realizando a medida que entendemos y trabajamos la fraternidad, cuando el amor se instala en nuestro corazón.

La compasión de Dios hacia la humanidad se llama Jesús. Su Evangelio es obrar compasivamente, al agrado de Dios. El amor es compasivo y misericordioso.

El amor es un cultivo delicado de las relaciones, servicio sin condiciones. El amor es lo que agrada a Dios. Orar engrandece el amor.

Quien desea amar, ya está amando. A quien vive una vida para el Evangelio, ya lo están crucificando. Quien consiente en morir, ya está resucitando.

Volver a ti, acoplarme a ti, descansarme en ti.

Cuando estoy en mi celda, a veces me asomo a la ventana y dirijo la mirada al horizonte contemplando el mar. La luz del sol y el azul del cielo, el azahar de los naranjos en flor, perfumea el aire, volviéndolo limpio y respirable. Suficiente regalo para una contemplativa y estímulo para la oración.

27. Mar adentro

En mi vida han surgido algunas mentiras, unas veces por conveniencia, otras por esconderme, otras, y mucho peor, por auténtica cobardía. Nada me proporciona tanta paz como la alegría de andar en verdad. «*Envíame, Señor, tu luz y tu verdad: que ellas me guíen y me conduzcan hasta tu monte santo, hasta tu morada*» (Sal 43). «*La verdad os hará libres*» (Jn 8,31-38).

Cuando el ser se debate en la tribulación y la agresión expulsa la paz devastando la armonía, asumir un silencio orante con la segura esperanza de que, en medio de la tempestad, Dios sigue obrando gracia dentro de mí. Tener aguante en una humilde espera y una muy segura confianza. Y avanzar.

Señor Jesús: Aquí nos tienes, reunidas en tu nombre y en tu amor. Nuestra oración es ofrenda de nuestra fraternidad. Sanea Tú nuestra frágil arcilla y modélanos con tu hacer santificador, obra de tus manos somos. Unidas y en comunión con toda la humanidad, santos del cielo y de la tierra, nos disponemos a recibir de ti el Espíritu de las Bienaventuranzas. Ellas son lo que queremos vivir. Que este momento orante sea grato a tus ojos y danos gozar tu paz y tu amor. Encender un fuego sobre la tierra que sea signo y bendición de tu salvación para todos.

Si por temperamento soy pasión y fuego, por la fe en Dios y amor a Jesús me dejo amasar y amansar por el Evangelio, hasta la paz y la armonía del corazón.

Virar la nave de mi ser hacia Jesús. Mar adentro. Girar, virar totalmente hacia Jesús. Él nos hace libres, para servir, para amar.

Si miráramos todo con los ojos de Dios, veríamos el resplandor de todas las cosas buenas y bellas que están dentro de nosotros y a nuestro alrededor. Ver con tus ojos, es verlo todo bueno y bello, hacerlo todo alegremente vivible.

Si no apelamos a la fuerza del Altísimo, somos sacudidos por el más ínfimo viento.

Ser cristiana es ser humana. Ser cristiana es ser hermana. Identificarme con Cristo es saberme Eucaristía. Ser pan de vida y vino de alegría para que el mundo viva.

Jesús, como Tú, vivir tan sencillamente como sencillas son las cosas. Solo un poco de lo poco necesario, me baste.

28. Orar es entrar en la vida de Cristo Jesús

Toda tentación puede ser vencida, porque es Jesús quien lo hace posible, dándonos la fuerza vencedora del mal. Esta es por siempre nuestra fuerza y poder: Jesús.

Dije: *fíate de mí*. Entonces pedí perdón a Dios. Y supliqué su gracia para ser fiable.

Jesús, cuando estoy contigo, pido ver tus ojos, ver en tus ojos, ver con tus ojos. Entonces, siento que Tú me dices: «*mira los ojos de los hermanos y me verás*». Los ojos de la humanidad son el mirar de Dios, más allá de nuestras cataratas. En la mirada humana se enciende el resplandor de Dios, ¿no lo ves? Los limpios de corazón lo contemplan.

Mirando el proceder de Jesús, aprendo cual ha de ser mi propio proceder. Que el amor destierre de mí toda violencia y gesto amenazador. Haya paz dentro de mí.

Cada cristiano es vida de Cristo. Cada hogar una pequeña comunidad-Iglesia. La humanidad es el hogar de Dios que mora entre nosotros. Todo se realiza en nuestro pequeño ser por la adhesión a Jesús. Todo es gracia que nos lleva a la plenitud. Nada ni nadie queda fuera del amparo amoroso de Dios. Que en este suelo comienza el cielo. ¡Gocémoslo!

Jesús, Tú eres lo más íntimo de mi ser, lo más real, lo que me vive y me hace vivir. En ti todo mi bien y toda mi libertad. En ti soy sacramento.

Porque somos perdonados, somos portadores de perdón. Porque Cristo-Jesús nos vive, somos comunión y hacedores de Eucaristía. Somos sacerdocio real de Jesús.

Cuando la oración es oscura y penosa, una convicción interior me mantiene fiel y serena: Dios Es y está. Saber esperar el amanecer luminoso y resurreccional, es gracia y regalo. La oración puede ser solo una espera confiada. No desesperar.

Él éxodo de la vida es la peregrinación de la fe. Al cruzar el inmenso desierto de nuestra existencia, somos puestos a prueba y sucumbimos a las tentaciones del Maligno. Cristo Jesús, toma sobre Él toda nuestra carga y perdona nuestro pecado, nos levanta y nos salva. Nos da su dignidad y nos presenta al Padre revestidos de su hermosura. Nada debemos temer. Él nos ha sacado de nuestros males, los ha crucificado y nos ha redimido.

29. Determinarnos a ser orantes y amantes

El amor nos permite morir con la segura confianza y alegre esperanza de vivir. El amor lleva a la vida porque es vida.

Cuando la desolación nos abate, afirmar la esperanza que nos alegra el corazón. La esperanza es «*la fonte que mana y corre, aunque es de noche*».

El Evangelio es mi gran responsabilidad ¡y mi gracia! Jesús y su Evangelio es lo único que motiva mi existencia. Solo creo en Jesús y en una vida para el Evangelio, en Él el amor, lo demás nada. La Iglesia comunión fraterna entre los hermanos, sí. El Sistema eclesial una realidad por evangelizar.

Abrir un tiempo nuevo en el que predomine la ternura. Una cultura de la bondad y belleza, de la fraternidad y el perdón. Una mentalidad amable y no violenta. Humanizarnos por la ternura del amor y el perdón.

Jesús «*pasó haciendo el bien*», se hizo siervo servidor hasta lavarnos los pies. En la cruz ha crucificado nuestro pecado. En su resurrección nos ha libertado. La vida resucitada nos hace siervos servidores como expresión eficaz del amor. Humanidad fraternizada.

Orar, en ocasiones, es soportar un bloqueo interior. Constatar la imposibilidad de ir más adentro. Surge un clamor suplicante: «*Rompe la tela de este dulce encuentro*». Y esperar confiadamente el susurro amoroso de Dios.

Contemplar es aprender a ver y mirar todo con los ojos de Dios. Y oro para relacionarme con Dios. Contemplo para amar todo como lo ama Dios. Y me dejo hacer por el Cristo que me vive. Identidad cristiana: ser eucaristía. Con Jesús en mí, soy pan de vida, Él ilumina esa identidad en nosotros. No son los ritos, todo es cuestión de identidad, lucirla, iluminarla. Y dejarnos iluminar.

Ser orante es vivir adheridos a la persona de Jesús. Según santa Teresa, es «*comenzar a ser siervos del amor*». El amor es el que nos hace ver y hallar a Dios en todas las cosas y personas. Dice Teresa: «*que no desmaye nadie de los que han comenzado oración*»; «*no es otra cosa perder el camino sino dejar la oración*». Determinémonos a ser orantes y amantes.

La dicha de la plenitud humana es saberme tomada y amparada por Dios, y vivida libremente en Él.

El «*Hágase*» primordial no se ha frustrado. La redención última nos ha colmado de plenitud. El Resucitado nos ha revestido de sol, somos belleza de humanidad nueva cuando el amor es nuestra identidad.

Jesús, tú estás siempre en mi pensamiento. Inspira en mí las obras del amor y la misericordia. Vivir este día muy sencillamente haciendo el bien, no murmurar de nada ni de nadie, mostrar afabilidad. Hacer por mi parte que todo sea muy sencillo, muy evangélico.

30. Orar la dicha
de ser humanos

La máxima tentación consiste en alejarnos de Dios; porque esta lejanía implica alejarnos de todo bien, de la comunión plena entre el Creador y su criatura. Se ahoga la gracia y se propaga el desorden.

El amor es la dichosa vocación de ser humano, lo que nos humaniza y unifica, lo que nos pone en semejanza con Dios y nos hace señores y servidores. Amar el amor y amar amarnos.

Donde el ser humano es libre ante Dios, ¡desaparezcan las leyes religiosas y políticas! El amor cumple la ley entera, sobrepasándola en generosidad. Por el amor llegamos a la unidad. El amor crea la comunión.

El amor nos sitúa ante los demás con atención amorosa, con disponibilidad para el servicio. Cuando el amor vehicula nuestras acciones, todo queda envuelto en alegría y felicidad.

Jesús nos lanza al amor sin límites. El amor es libre como el viento y agradable como la caricia del aire suave. Acojámoslo a placer. La unidad, la comunicación y la comunión es fruto del amor, porque recoge nuestra dispersión y división unificándolas.

Y cada día digo sí al amor, a una radical apertura al amor que hace buena y bella la vida, que la hace más alegremente vivible.

Orar es asumir con paz la fragilidad de nuestra existencia. La carne herida gime su dolor. El Resucitado alumbra nuestra noche, alegra nuestra esperanza, hace brotar el amor.

La verdad, dentro. El encuentro con Jesús, dentro, donde se iluminan verdades. Todo está dentro.

El amor cristiano lleva consigo la exigida tarea de tratar a los demás con una gran delicadeza. El otro, es el hijo amado de Dios, es mi hermano. Ante él no puedo más que mostrar amor y respeto.

Las diferencias no impiden la comunión, al contrario, la amplían y la enriquecen. La unidad jamás se dará en la uniformidad, sino en la pluralidad y hasta en la diversidad. El amor todo lo hace posible. Sea el amor el pan nuestro de cada día y nadie morirá de hambre. Todo depende de la confianza. Y hacer de la vida el arte de amar.

31. Dios colma y calma nuestra hambre de amor

Salir de todo y entrar en ti. Abrazarlo todo, hallado en ti. Tú contienes todo en ti. Nada está fuera de ti, ni de mí. Asombroso el amor que crea la comunión. Es nuestro ser Eucaristía.

Dios se nos muestra a la medida de nuestro reclamo y deseo. Él llena nuestro vacío y sacia nuestra necesidad, colma y calma nuestra hambre de amor. ¡Muéstratenos Tú Señor!

Ser cristiano es ser creador de felicidad. El amor evangélico nos hace libres y libertadores. Para el cristiano todo depende del seguimiento de Cristo. Seguirle es vivir una vida para el Evangelio.

Nada hay por encima de esa realidad, ni leyes, ni normas, ni devociones, ni observancias, ni ascesis. Con Jesús y su Evangelio todo radica en ser y caminar las Bienaventuranzas. Ser bienaventurados.

El cielo en el que creo es el servicio ofrecido, el trabajo regalado, la ternura expresada, la vida vivida en el amor. El cielo es creer en la felicidad aquí y ahora, en la paz y el encanto de realizar bondades, la belleza de ser fraternos y creer en el ser humano. Cielo esforzado, cielo regalado.

Señoreamos la vida si la vivimos desde dentro. Hacia fuera mendigamos, hacia dentro somos colmados. Dentro, el banquete; fuera, las migajas.

Que el silencio no sea una cansina espera y una estéril realidad. Hacer silencio es disponernos a la escucha interior donde mora Dios. Percibir y recibir en el silencio la voz del Amado. Dios habla en el silencio amoroso.

No se puede ser creyente al margen de la Palabra, sería como navegar en una nave sin timón. La Palabra es orientativa, marca rumbo y camino hacia Dios.

Estás dentro y me das vida. Vivo porque me vives. Y tantas veces me percibo sepulcro negro, fétido y cerrado. Tú el Resucitado, como nuevo amanecer, irrumpes en mis muertes y quiebras la piedra de la entrada del sepulcro, saneas las heridas del corazón. Me adornas de amanecer resucitado, soleada de tu Luz salvadora. Me tornas alegre mensajera de tu verdad libertadora.

Seguir a Jesús nos lleva a vivir una vida para el Evangelio. Pasar haciendo el bien. Amar, perdonar, servir. Ser pan de vida para que los otros vivan.

Jesús: permanecer siempre en ti. Tú curas mis destemplanzas temperamentales, me pones salud y robusteces mi personalidad, la humanizas en cada prueba. Tú alientas mi continuidad cuando me siento desfallecer y vuelvo la mirada atrás donde no hallo nada. La vida está por delante. Caminar es la condición de peregrinos. La confianza alienta nuestra andadura. ¡Adelante!

Mi vida es un asunto de Dios, estoy en sus manos, Él me lleva y me hace, yo me dejo llevar y hacer. Vivo vivida. Dios en mí me vive desde dentro, vivo porque Él me vive y persevero porque me lleva en abrazo. Tantas veces habría huido de ti, de la comunidad y de mí.

32. El amor crea la comunión

Por la oración crece el amor y la amistad con Dios, crece también la amistad con los hermanos. El amor es la imagen visible del rostro de Dios. Amarnos es regalarnos los unos a los otros lo más y mejor de nosotros mismos. El amor expresa eficazmente quién es Dios y cómo es Dios, *«Padre de las misericordias y Dios de toda consolación»*.

El Amor de Dios se expresa en la vida, muerte y resurrección de Jesús. El Amor le ha Crucificado, el Amor le ha Resucitado. El Amor nos crucifica, el Amor nos resucita. La vida y no la muerte es nuestra segura esperanza.

Pasar del resentimiento a la reconciliación. De la pérdida a la integración. Del desaliento a la esperanza. Del conflicto a la paz. Del vacío a la confianza. En el proceso de transformación, todo va quedando amparado en el abrazo del amor entre Dios y su criatura. En Dios todo va de amor. El amor crea la comunión.

Tú sabes que necesito la experiencia enamorante; sin enamoramiento, me seco por dentro y por fuera, me deshumanizo.

En el cristianismo, lo importante y esencial es quién más ama, perdona y sirve. No es cuestión de puestos o privilegios, ni quien más sabe o qué estudios tiene. Todo es cuestión de amor y humilde abajamiento. Se trata de vivir a partir de Cristo una vida para el Evangelio. Libres de normas y leyes. El amor es la única ley de Cristo. Andar en anchurosa libertad.

Cristo ha resucitado. Se ha oído el estallido resurreccional del corazón de la humanidad. Resplandecemos de luz y gozo celebrando la fiesta del amor que ya no tiene fin. ¡Aleluya! es nuestro canto pascual. Todos hemos resucitado con Cristo.

La sed de felicidad que anida en el corazón humano es sed de Dios. El amor es la fuente que sacia nuestra sed; esta fuente se halla en nuestro interior, en el centro de nuestro corazón. Dios quiere que vivamos colmados de felicidad y solo la vida en el amor sacia este deseo tan humano y tan de Dios. Amarnos y respirarnos, abrazarnos y acariciarnos, como lo hace Dios con nosotros.

Todo toque, toda presencia, toda iluminación conmueve nuestro ser interior. Si Dios se da a gozar y saborear, es para alentarnos y decidirnos a mayor compromiso en la construcción de la Buena Nueva en el mundo, para dilatar la justicia, la paz y el amor. Somos constructores de humanidad nueva a medida que somos persona nueva a gusto de Dios. La redención de Cristo Jesús produce este fruto de su amor.

33. No busques la luz fuera de ti

No busques la Luz fuera de ti. Descúbrela dentro de ti. El Resucitado nos ha revestido de sol. Alumbrar desde dentro la luz de la esperanza. Cuando los sistemas de poder –sean políticos o religiosos– actúan autoritariamente, asfixian la vida y ahogan la libertad. La Luz del Resucitado nos reviste de sol. Somos el gozo de la novedad, la esperanza de la paz, la alegre libertad. Dejarnos llevar por el Resucitado, fuera de Él, todo es aprieto.

Sigo en la Iglesia porque estoy enamorada de Cristo. Sigo siendo monja porque Él obra en mí esta gracia. Lo uno y lo otro es como un milagro. ¡Es un milagro! Ni yo lo entiendo. Tú en mí, me haces permanecer.

Por ser mujer en la Iglesia, soy denario escondido, ¿quién lo ha hecho? Lo sabemos muy bien. Pero Tú eres nuestro libertador. Tú nos dices: *«No temáis, id a comunicar a mis hermanos»*. Y no se quieren enterar. Me queda seguir a tu lado en espera confiada. Antorcha encendida en la mano.

Que las mujeres alumbramos también la Luz del Resucitado.

El pan de Dios, Jesucristo, somos nosotros. Seres eucarísticos, celebradores de amor, perdón y comunión. Somos pan de Dios para la vida del mundo. Tú nos haces esta gracia a todos. Ser Eucaristía.

En las cárceles del alma hay esperas confiadas. Sufrir los aprietos, soportar las angustias, serenar la inquietud. La esperanza es ver abrirse una brecha en el espesor de la cárcel, una tenue luz alumbrando en la oscuridad del miedo, y en la soledad la confianza. La esperanza y la confianza son como el aire que posibilita la vida liberada.

Mi vida orante es manifiesto deseo de vivir adherida a Jesús, y es también preocupación responsable hacia la humanidad, para que el mundo conozca al Padre-Madre-Amor. Conocer a Dios-Amor posibilita al ser humano lucir la imagen y semejanza de hijos y no esclavos. Libres nos ha hecho Dios.

Dichosa luz la del limpio de corazón. La felicidad del limpio de corazón consiste en haber expulsado el gesto amenazador y la maledicencia; en saber mantener una actitud de benevolencia ante la adversidad. Bondad y belleza de las bienaventuranzas. El limpio de corazón vive el don de la bendición. Todo lo mira con la mirada de Dios.

Dios, en Jesús, ha tomado nuestra humanidad y nos ha dado su divinidad. Nos iguala. Somos todo posibilidad. Andemos en libertad.

Estás a la puerta y llamas, estoy a la puerta y llamo ¡abrámonos y abracémonos! Cada día, imperceptiblemente mi ser gira hacia ti, Tú lo conduces, Tú me mueves. Hacia dentro. Verme en ti.

34. La oración nos va dulcificando

A más vida en Cristo Jesús, menos dependencias. Todo lo que necesitamos de Dios lo tenemos dentro. Todo depende de nuestra relación con Dios. Él nos vive dentro y todo deviene plenitud.

No puedo circular dentro de la nube de la oscuridad. Orante y confiada, espero tu luz. La novedad no la creamos de la nada; Dios es quien la inspira en nuestro interior, nos la ilumina para que la realicemos. La novedad es obra de su gracia.

Jesús es el Tú íntimo y amoroso, capaz de sostenernos en la fidelidad, alentando la vida en el amor.

En la oración lo que prima no es lo intelectual, sino lo vivencial, el ser, la persona y su propia realidad. No es el sentimiento, ni la devoción, es el conocimiento propio, un «andar en verdad». Quién soy yo y quién es Dios.

Cuando aprendamos a ser humildes, cuando vaciemos el corazón de violencia y sembremos la paz, entonces entonaremos un canto de libertad: «*Ahora es el tiempo de la gracia; ahora es día de la salvación*».

La identidad cristiana es el amor, su signo el seguimiento de Cristo, su característica el servicio generoso, la fraternidad amorosa, la reconciliación sanadora, la paz serena, la libertad de hijos. Y una realidad que nos iguala: ser Eucaristía. La Eucaristía nace dentro, porque es Cristo, y Él nos vive dentro y nos hace lo que Él es: pan de vida.

A cada uno nos corresponde ser voz del Jesús que nos vive dentro y de la libertad que nos genera. Tú has derrotado el terrorismo que hay dentro de mí. Por tu resurrección que me ha resucitado, manifiesto la sanación del ser pacificado y purificado, reconciliado en amor. Tú has arrancado de mí el gesto amenazador y la maledicencia. Todo lo has crucificado y resucitado. Todo lo has dulcificado.

Jesús, mi tiempo es tu tiempo. Hacer del tiempo, tiempo para Dios. Tira de mí y méteme en ti, dentro de mí. La exterioridad tira de mí manteniéndome fuera de mí y de ti. Yo vuelvo a ti, insisto, permanezco, día tras día, momento a momento, busco el centro, lo céntrico me centra.

Insisto, permanezco, suplico, tira Tú un poco de mí ayudando mi insistencia.

35. Tú nos invitas a amar y dar la vida

La Palabra de Dios es la lluvia que empapa la tierra del corazón haciéndolo cultivable. Brotan alegres la fe, la esperanza y el amor. Siempre es tiempo para florecer.

La conversión es poner a Dios en el centro de la vida. Nuestra humanidad en camino hacia Él. Entrar en relación amorosa con Dios y vivir una vida para el Evangelio. Dársenos Él a conocer.

Ser cristiano es vivir a partir de Cristo. Todo mi ser, proceder y vivir está basado, afianzado y orientado por la encarnación de Jesús y su Evangelio. Todo a partir de Cristo, solo Él y su Palabra. Ser Iglesia, comunidad que fraterniza la humanidad. No así su sistema.

Sé y conozco el mal que me acosa, más sé y afirmo el bien que me salva. El mal me hiere y lo rechazo. Afirmo el bien que me sana y salva. ¿No es acaso una lucha santa? Tú me invitas a amar y dar la vida.

Nada de lo que necesito está fuera de mí. Si Dios está en mí, todo lo hallo dentro de mí. Tú eres mi segura presencia interior.

La vida, ¿no es acaso un proceso hacia la plenitud? Si vives en la superficie, solo tocas lo externo de las cosas y de ti mismo. Si no entras en tu interior, no conocerás lo más esencial. Lo mejor de ti está en tu ser profundo y este recorrido interior te lleva a Dios. Él se te descubre desde dentro. En el centro de ti mismo, Dios te espera. Solo en Dios encontrarás la fuente de la felicidad.

Cuando la presencia de Dios es un oculto silencio, mi fe es espera silenciosa, oculta y confiada también. *«Vuelve hacia nosotros tu mirada, Señor».*

Dios viene imparable, libertador y transformador. Yo no puedo adelantar su acercamiento. La gracia es verlo venir y saberlo recibir. Dios viene, sí, imparable, libertador y transformador. Salgamos a su encuentro porque viene y todo lo renueva.

Soy propensa a perderme. Cuando me pierdo, y me pierdo siempre, Dios me halla y me rescata siempre. Perdida y hallada me vivo en Dios. Vivo en esta paz y seguridad.

Oro, en lo sensible Dios calla. Pero tengo su Palabra, y en ella, Dios se comunica siempre. Pregonar la Buena Nueva, ser Eucaristía: «*Haced esto en memoria mía*», y darnos como pan de Dios. Ser celebradoras desde nuestra realidad eucarística.

36. Ser humanos al agrado de Dios

La obra de misericordia de Dios conmigo es un rescate desde dentro. Lo externo me pierde, entonces Él, vuelve a tirar de mí para proseguir el viaje hacia el interior en su más profundo centro.

Es la atención amorosa de Dios hacia mí, su misericordia, lo que me pone seguridad salvadora y liberadora.

Despertar a la Palabra, a Cristo y su Palabra, única fuente de salvación. El catecismo no sostiene una vida de fe, solo la Palabra la sostiene y da vida eterna, la Palabra nos hace creativos y libres.

La personalidad humana de Dios se llama Jesús. La personalidad humana de los seguidores de Jesús se llama Eucaristía. El Resucitado nos da su identidad: ser Eucaristía.

Crezcan las alas de este gorrión y volaré ¡Oh! Sí, volaré en libertad.

El poder de Dios obra en nosotros la vida liberada por el Resucitado. Somos amasados y horneados para ser pan nuevo. Eucarísticos. Cada día nos ofrecemos para ser comidos. Somos cuerpo de Cristo, pan eucarístico para la vida del mundo, eucaristía en medio de la humanidad.

Nada distrae nuestro encuentro porque la relación se produce desde dentro, y cada vez más adentro. Al final de esta vida ¿no será, acaso, encuentro en el más profundo centro sin necesidad de nada externo?

Todo está dentro de mí, la gracia salvadora hace su rescate desde dentro. Lo externo es viento.

Dejarnos hacer por Dios es devenir transfigurados, capaces de cambiar la violencia en paz, el odio en amor. Ser humanos al agrado de Dios.

Solo Jesús y su Palabra vence en nosotros toda tentación, perdona y levanta de todo pecado. No hay más gracia que este Jesús y su Palabra. El Resucitado nos ha resucitado. Somos criaturas nuevas, hermoseadas, llenas de gracia y de verdad.

Nada hallo fuera de mí. Mi gozo está en ir hacia dentro. En el interior Dios. Y siempre de la mano de Jesús. Nada sin Él. Y todo por Él. Todo a partir de su Palabra. Él es el camino.

37. No temer el fracaso

Las certezas interiores son impulsoras de cambios profundos. Pero, las certezas de hoy, también se derrumbarán, cuando Tú, mañana, tires desde dentro hacia el profundo centro. Tú inspiras siempre nuevas certidumbres. Solo Tú, Dios nuestro, eres para siempre. Tú eres lo mejor que tengo, Tú, certeza siempre nueva y ahondada. No temer al fracaso, cada día puedo comenzar de nuevo, y sé que Tú estás de mi parte en cada comienzo. Tú, Jesús, te me has hecho camino, verdad y vida. *«Juntos andemos, Señor».*

La tentación y el pecado devienen gracia en Cristo Jesús: *«dónde abundó el pecado, sobreabundó la gracia».* Nada debemos temer: *«Nada turbe vuestro corazón, creed en Dios, creed también en mí».* Vivimos asistidos por la gracia del Resucitado.

La gran dificultad para la vida orante es la dispersión y la distracción. Vivir hacia fuera nos divide, nos hace superficiales y banaliza. El camino es ir hacia dentro, ser peregrinos de la interioridad. Dios mora dentro, a su encuentro vamos, Él tira de nosotros desde dentro. Bucear hacia dentro.

Dios pinta nuestro planeta cada primavera. Dios es el pintor que pinta con amor.

Pequeño corazón humano, que ansías ser engrandecido como el de Dios. A imagen y semejanza fuimos creados. El Grande nos engrandece. A fuerza de acercarse, su grandeza dilata mi pequeñez. Corazón de Dios donde espejarme. Corazón mío, no te ates, libre has de ser. Corazón que te abres, ama y abraza, pero no atrapes. Pequeño corazón mío, a fuerza de ver amar a Dios, te gozas si amas como Dios. Corazón, el amor se sacia amando, se colma amando. Pequeño corazón mío, ama como te ama Dios.

La fe serena y silenciosa es certeza confiada de que, la resurrección de Jesús, es la nuestra también.

Hacer crecer una ternura del corazón, la que Dios ha sembrado en nuestro interior. Él ya me la ha dado, realizarla ya depende de mí, de la responsabilidad personal, la gracia no me falta. Y ser así regaladora de ternura para los demás.

No dependemos de nada ni de nadie, somos de Dios, en Él: amor y servicio a los demás. Así, nos debemos unos a otros en el amor y servicio.

Soy profeta, de la casta de Elías. Soy apóstol, de la casta de Pablo, soy mística, al estilo de Juan de la Cruz y Teresa de Jesús. Mi psicología lleva pasión y fuego, relámpago y trueno, «*mano blanda y toque delicado*», como la psicología de ellos. Mi fe es orada en la cueva que me dejó en herencia Elías. Mi apostolado al estilo de Pablo, es proclamar a Cristo Jesús que «*pasó haciendo el bien*», que mataron y ha resucitado. Soy profeta, apóstol y mártir cuando me parto y me reparto, cuando me doy para ser comida. Y soy mística cuando te miro y te amo, cuando me sé mirada y amada. Soy mística cuando amo. «*Que mi Amado es para mí y yo soy para mi Amado*».

38. Nuestros nombres
son tu alegría

Para ser cristiana hay que encontrarse con Cristo. Para seguir a Cristo, hay que enamorarse de Cristo. Para ser Iglesia, hay que encontrarse con el discipulado: hombres y mujeres. Emprender una vida para el Evangelio es nuestro misionar.

El Resucitado provoca un encuentro, el Amado pronuncia un nombre –todos los nombres–, los amantes reconocemos al Amado. Tú me has llamado por mi nombre. Nuestros nombres son tu alegría.

La vida es un proceso de transformación humanizadora, una vocación a realizarnos plenamente, hasta ser felizmente humanos en el amor.

Lee la Palabra con alma enamorada, con mirada limpia, con alegría serena. El Espíritu Santo irá abriendo tu amor y comprensión hasta el asombro de una alegría y confianza plena. Todo se halla en la Palabra, todo y todos estamos reflejados en ella.

Solo los limpios de corazón son capaces de ver y valorar la bondad y belleza que hay en cada ser humano y en toda la creación. El resplandor de Dios reluce en todo y en todos. Lo ve quien tiene mirada esclarecida.

Jesús, cuando vivo momentos extraños y penosos, tu presencia me permite descansar en ti mis dudas y desconciertos. Tú allanas mis caminos y alumbras la noche. Amanece una tenue esperanza, robusteces la débil confianza y descanso en la paz. Mi frágil arcilla reposa segura en tus manos. Tú, hacedor de vida.

Cuando sentimos el toque amoroso de Dios sobre nosotros, todo cambia. La existencia queda marcada por el amor y el perdón, la paz y la libertad. La vida es ya para siempre una siembra de ternura en todas las cosas, una actitud amorosa hacia todas las personas, un abrazo sanador que todo lo alegra. Orar es curar la vida de agresiones y reconciliar la historia.

Para el cristiano el más puro amor se muestra en el más puro ofrecimiento y el más generoso servicio. Como Jesús, dar la vida, que somos eucarísticos, dejemos que nos coman, que somos pan, luz y vida del mundo.

Oro, porque mi deseo es relacionarme con Dios. Si Él calla, yo enmudezco y espero. Y se prolonga el silencio. El silencio de Dios puede conllevar una larga espera. Y esperar con fe. *«Cuando venga el Hijo del hombre, ¿encontrará fe en la tierra?»* (Lc 18,8).

39. La oración nos desnuda de la falsedad

Cuando asoma y nos cerca la tribulación, sufrimos el aprieto de la angustia que nos asfixia y crea gemido herido en el alma. Todavía puedo orar la paz que permite sentir la vida envuelta en la luz, don del Resucitado que siempre está con nosotros. Mirar a Jesús es descubrirnos mirados por Él. La muerte viene tan lentamente, o de repente. Mantener la fe ante la oscuridad de la muerte que me estremece, y esperar el sereno amanecer. Todo puede descansar en la oración de Jesús al Padre. Y la muerte atravesará la puerta, el silencio será estallido de fiesta y danza de alegría. Será Pascua para el ser amado.

La oración me permite presentarme ante Jesús desnuda de falsedad, abierta a verme sin miedo, ver y reconocer los oscuros recovecos y asumirlos con una mirada serena, benévola, limpia, penetrante y auténtica. La oración me sitúa ante mis conflictos con actitud benévola y evangélica, con bondad de corazón. Y tener esa comprensión hacia todos.

Cada amanecer tomo conciencia de que soy pan recién horneado para celebrar la Eucaristía del día. Mi sacerdocio, como el de Jesús, es partirme y repartirme, Él se ofrece en mí y me hace ofrenda para los demás. Este es el banquete del Reino y nuestro sacerdocio real. Cristo Jesús, haciéndome en Él, me pone robustez para ser yo pan de vida como Él. Ofrecerme para ser comida. Soy sacerdocio de Cristo Jesús.

Soy mujer de oración, no por mi capacidad de orar, que padezco dispersión y distracción. Lo soy por mi adhesión a la oración de Jesús, que la suya es la mía. Él es el orante, oro en Él.

Las inseguridades y las angustias son llevaderas si las asumimos fiándonos de Dios. En la fe, lo esencial es la confianza.

Con frecuencia contemplo hacia fuera, sin darme cuenta que lo que deseo contemplar está dentro.

Vivir la justicia del Reino con la paz del Reino, shalom de Dios.

Jesús, Amor de todo amor, amor mío sin fin, contigo hasta la cruz, hasta la resurrección. Fundida y transfigurada en ti, nada me hace temer. *«Dejaros toda en Dios, venga lo que viniere. ¿Qué va en que muramos?»* (C 11,5). *«Juntos andemos, Señor; por donde fuereis, tengo de ir; por donde pasareis, tengo de pasar»* (C 26,6).

«Estad alegres en el Señor, os lo repito, estad alegres» (Flp 4,4). Y regalar alegría, compartirla, repartirla. Alegrar, que somos los hijos e hijas de la fiesta que no tiene fin.

40. La oración
nos rinde al amor

En ocasiones, acudo a la oración como adentrándome en un mar embravecido, queriéndolo calmar ante Dios. A nadie puedo culpar de sentirme azotada por los vientos y llevada a la deriva por las olas, arremetida contra las rocas y acantilados y vomitada en la playa sin piedad. El mar siempre vuelve a la calma y nos calma, viene la paz. Mi temperamento a veces funciona igual, cuando sufro alguna contrariedad y siento encenderse una furia desproporcionada dentro de mí. Entonces acudo orante ante Dios y gimo reclamando la paz. La paz vine solo cuando el corazón se abre a la reconciliación. La paz es sentir un «*yo te amo*», «*tú eres preciosa a mis ojos*». Ya puedo descansar en la paz.

Nada hago sin oración. Nunca voy sola porque Jesús está en mí. Lo de fuera no me distrae de esta presencia y todo lo hago movida por ella. Solo Dios es, está y permanece. Fuera de Dios, viento que va y viene. Solo Dios permanece. Él nos acompaña siempre.

Orar, fundamentalmente es estar con la Presencia. Permanecer basta. Dejar que sea Dios quien hable. No hay más palabra. Y mantengo una oración: «*Padre nuestro*».

La oración me vuelve siempre a tocar lo esencial de ser humana: el amor.

Optar por el amor nos lleva a deponer las intolerancias de nuestro ser ante Dios. Rendir nuestra agresividad ante el Amor y adquirir un corazón pacificado por el perdón amoroso de Dios y gozarnos reconciliados.

La oración es la atalaya vigilante de los sentimientos del corazón. La oración nos rinde al Amor. Y el amor nos hace libres.

La oración es la relación amorosa que da firmeza al seguimiento de Jesús. Solo el enamoramiento hace posible la fidelidad hasta el fin.

He consagrado mi vida a la oración. Mi tiempo está envuelto de Dios. Del corazón una súplica: Paz. En el corazón nace la paz. Y abrir un cauce para la ternura hacia los demás. Nada es la oración si en ella no pongo toda la humanidad.

La contemplación amorosa se abandona al toque de lo trascendente. Toque siempre transfigurador.

Cristo Jesús, que belleza amarte. Toda una vida recorrida a tu lado y en tu presencia, aún en la más profunda noche oscura de la fe. Tú, el Resucitado, me sigues regalando el don de la fe. Tú eres el resplandor en la noche, aunque no vea la luz. Tú eres mi eterno amanecer. *«Aunque es de noche»*.

41. Del yo personal al tú de Jesús

Tempranea. Mi oración contempla la belleza de un amanecer. En el horizonte, el mar recibe el vertido de fuego de un sol ardiente que derrama sus rayos en las serenas aguas del Mediterráneo. El Levante es tierra de sol y mar. Orar en estas condiciones es un privilegio. El sol duerme en el lecho del mar. Se levanta y alumbra una presencia que me envuelve y contiene en sí toda la humanidad y creación. Todo es y está amparado en Dios. La vida de Dios se abre camino en este mundo y en cada ser humano, para que todo ande en armonía dichosa. Ser felices es lo que Dios quiere, y lo quiere a fuerza de amar y dar la vida.

La grandeza del alma enamorada radica en aceptar ser llevada en un proceso transformador en la noche. Del yo personal al Tú de Jesús. Quien nos guía es Él. Quien nos hace haciéndose en nosotros es Él. Al principio y sobre todo al final: todo es Él, es Dios.

Jesús, lo importante de ser cristiana es seguirte y vivir una vida para el Evangelio. Lo determinante es amar como Tú nos amas, darme como pan que se parte y se reparte.

Concédenos la gracia de vivir creando eucaristía, repartir amor, crear la comunión, y vivir ofreciendo nuestro servicio generoso. Darnos del todo al Todo y a todos.

Oro, y sé que eres todo lo que necesito. «*Y el ganado perdí que antes seguía*».

Tú, solo Tú eres la Palabra y el mensaje a seguir. Solo a ti escuchar, solo a ti creer, contigo amar y decirlo con la vida ofrecida.

A fuerza de relación amorosa me vas configurando en ti. Que todo te haces en mí. Tan del todo, que nos haces encarnación y resurrección tuya.

Poner atención a lo interior y descubrir que Dios nos lleva en permanente evolución. A pesar de mi debilidad, Dios se impone con su gracia. Todo depende de dejarle a Dios hacer como Dios. Y contemplar el lento proceso de la transformación hacia la plenitud.

Paz, amor y compasión. Infinita ternura del abrazo amante. Bondad del corazón. Somos buscados por ti. Tienes sed de comunión. Nos defines con un nombre: Eucaristía. Una identidad fruto del amor. Levadura en la masa. Grano muerto en la tierra. No quieres que nos falte nada. Nos haces alimento para los demás. Ser Eucarstía para que el mundo coma y beba. Andemos como Dios, ocupados en cubrir la necesidad.

42. En lo interior Él nos espera

Orar, quedarme clavada ante Jesús y tratar de amor y vida. No sé si sé orar. Si no sé yo, sabe Jesús y ora Él. Al fin, oro en Él, y me basta orar en su oración. El Espíritu es quien ora en nosotros.

Todo el bien me viene de Jesús. Lo que me humaniza es vivir una vida para el Evangelio. El Resucitado me saca de mis muertes y me da vida. La muerte no es lo definitivo. Es la vida en el Resucitado.

Amar, orar. Frente al mar, quedarme a solas con Dios solo. En lo profundo de mí misma está Dios. En lo interior Él te espera. En el encuentro amoroso, Dios se me revela. Y ser lo que Él se hace en mí. Gozar el don de dársenos Dios.

El teólogo y el biblista tienen que dejarse interpelar e iluminar por la mística. El místico debe dejarse orientar por la Palabra que, en el encuentro amante con Dios, se le revela con esclarecidas verdades y como Luz que alumbra la novedad. Dios es nuestra eterna novedad. La mística lo alumbra.

Jesús, oro contigo y en ti. Tú y el Padre sois uno. Orar es descubrirme impregnada de Dios humanado, Jesús; e impregnada del Padre a lo divino.

Pase lo que pase, creer en Dios es nuestra gloria y victoria.

Soy orante. No sé hacer otra cosa más que orar. Solo tengo este oficio: orar. Y un potente gesto: amar. A fuerza de amar, el amor llega a ser una identidad: ser amor. Amar es comprender el Evangelio.

Nacemos con toda la fragilidad de la desnudez y menesterosidad. Crecer es ir despertando la identidad de hijos e hijas de Dios. El que Es, nos hace a imagen y semejanza suya. Ser al agrado de Dios es ser amantes. Hechos estamos para el amor. Nuestra responsabilidad es engrandecer la vida en el amor.

¿Dónde estoy cuando no estoy contigo? Fuera de ti todo es dispersión, distracción y vacío. Sin ti ando perdida. Me buscaste y me tomaste.

Orar, contemplar, es ver con los ojos de Dios. Mirada amorosa y actitud misericordiosa. Mi corazón orante es casa de Dios.

Orar es permanecer ante Dios, que me dispone para una exigida tarea: transparentar una vida para el Evangelio. La manera de amarnos Dios se llama Evangelio.

Orar me envuelve de vida de Dios. Cuando oro, renazco simplificada y más espiritual. Entonces me sé también más humana. Y este mi orar, es fundamentalmente ¡confiar!

43. Orar es vivir todo a partir de Cristo Jesús

La humanidad de Dios se llama Jesús. Tratar con Dios al modo de Jesús: *Padre; Uno; Misericordioso; Santo; Perdonador; Amor; Tú en mí para ser yo en ti.* Tú, Cristo Jesús, solo Tú eres la Vida y nos miras con amor y compasión

Para una vida en permanente conversión, no moverme de junto a Jesús. Todo a partir de Cristo Jesús y su Evangelio.

Si me abres por dentro, solo hallarás a Cristo Jesús. Dentro de mí ¡Jesús! Por dentro y por fuera solo Jesús. Con Él, una vida para el Evangelio. Amarle y amarnos. Él siempre nos ama primero.

Para que la vida transcurra alegremente humana, mirar y realizar la humanidad de Jesús. Ser Evangelio y ser Eucaristía. Atender la menesterosidad humana.

Lo importante de ser cristiano no es el culto, lo importante de ser cristiano es ser Eucaristía. Absoluta identidad con Cristo Jesús. Somos pan de Dios para que el mundo viva. Ser amor y perdón es la iluminación de ser cristiano.

Escuchar el susurro del viento. Escuchar el rumor del mar. Escuchar el canto melodioso de los pájaros. Escuchar la música. Escuchar el Amor y la caricia amante. Escuchar el desaliento y el vacío de contenido. Escuchar el gemido del sufrimiento, que hace temblar la esperanza y estremecer la confianza. Escuchar este vivir y morir, rendirse y aspirar el hálito de lo divino que nos levanta y nos hace proseguir. Escuchar el silencio y la voz de la soledad. Escuchar. Siempre hay una voz que, sin ser palabra, es comunicación. Tú, Padre-Madre que nos amas, nos dices: «*Escucha, hijo-a*» (Prv 1,8). Orar comporta escucha. No temer la escucha, déjate asombrar.

Si el Nombre de Dios es nuestra alegría, la alegría de Dios son nuestros nombres, los nombres de toda la humanidad. Dios nos llama a cada uno por nuestro nombre. A cada uno nos dice: «*Tú eres mi hijo amado, en ti me complazco*» (Lc 3,22).

Ser cristiana es recorrer el camino que lleva hacia Dios y los hermanos. Dios hace que el camino de cada ser humano confluya en Él. La condición del peregrino es el amor. Si el amor es nuestra andadura, todo va bien, porque el amor cumple el deseo de Dios. Ser realizados por el amor es la plenitud de ser humanos.

La gracia y no el pecado, como el trigo y no la cizaña.

Tengo que caminar una gran transparencia, la del Resucitado. No hay profundidad sin limpieza de corazón. No hay luz sin ser purificados.

En la acción creadora de Dios, la creación y el ser humano queda impregnado de eternidad, de esencia divina, destinados a prolongarnos más allá de la finitud. Todo está en Dios. Nada queda fuera de Dios.

44. Orar es espejar la vida en Jesús y su Evangelio

Cuando amanezco, me pongo ante Jesús con las manos vacías. Mi oración transcurre silenciosa, hasta que Dios llena mis manos de todos los bienes y bondades del Evangelio. Entonces comienzo la jornada ofreciendo la riqueza mayor que se me da: ser Eucaristía. De mi identidad eucarística brotan todos los dones y frutos de Espíritu Santo: Amor y perdón, paz, fortaleza, alegría, domino de sí, piedad, sabiduría, justicia, bondad. Soy rica para dar y compartir. Dios se ocupa de enriquecernos con sus dones.

Orar me dispone para vivir una vida para el Evangelio. Del encuentro amoroso con Jesús surge su hacer y amar. Su Luz nos hace luz.

Jesús, somos carne de tu carne y sangre de tu sangre. Tú nos haces Eucaristía. Somos identidad tuya por gracia tuya.

Cuando en la oración se produce encuentro (en sí misma la oración es encuentro), se produce el cambio de la mente y la apertura del corazón.

Orar es dejarnos iluminar. Tú eres nuestra Luz y devenimos más claros que el día. *«Tú luz nos hace ver la luz»*.

Orar, esperar y no desesperar. Lucha y contemplación.

El toque amoroso del Amado sana, alegra y salva. Dios siempre nos enriquece con sus dones. Espíritu dador de vida y alegría.

Orar es situarse junto a la *«fonte que mana y corre»* los bienes de Dios. Saciar la sed de Dios. *«Si conocieras el don de Dios y quién es el que te pide de*

beber, le pedirías tú, y él te daría agua viva». Jesús tiene sed de mí, y yo de Él.

Orar, saborear a Dios como Dios. Y dejarme saborear por Dios.

Orar es espejar la vida en Jesús y su Evangelio.

A fuerza de orar y mirar a Jesús, vamos siendo embellecidos por dentro y por fuera. *«Yo hago nuevas todas las cosas».*

Orar es tomar conciencia de lo que humanamente me toca hacer a mí. Imploro la gracia de Dios para tener ánimo, coraje y fuerza para vivir el amor y ejercer el perdón. Dios pone en mi corazón y comprensión el amor para obrar lo más humano. Asoma la imagen y semejanza con que fuimos creados.

Orar nos permite ver, avanzar la historia hacia la más profunda verdad. Todo es llevado hacia el profundo centro. Dios es nuestro centro.

Orar me permite percibir tu toque amoroso. Es el amor lo que da vida. Solo el amor. «*Oh mano blanda, oh toque delicado*».

Oro con la Palabra. Y sigo orando para comprender la Palabra. Todo es regalo de Dios.

45. ¿Qué me dice la voz del silencio?

La esencia y centro de ser Iglesia es Jesús. Solo mirarle a Él. Solo seguirle a Él. Con Él, vivir una vida para el Evangelio. Todo lo somos en Él. Y Él se hace todo en todos. Nuestra identidad es Jesús, y Él nos hace Eucaristía. «*Tú, sígueme*».

Mi relación con Dios, oración, no son posturas o respiraciones, no es ojos cerrados o abiertos. Mi relación con Dios, oración, es solamente estar. Y estoy con quien sé que me ama. Y amar es cumplir lo que a Dios le agrada y Es. Amor.

Cuando oro, solo Dios tiene la Palabra. Solo soy en Dios. Solo soy oyente de la Palabra. Adoradora adorada.

Quiero decir una palabra. ¿Dónde está la voz? ¿Dónde la Palabra? Tú eres la Palabra, el Mensaje y la Voz. «*Tus palabras son mi gozo y la alegría de mi corazón*».

Dios habla en el silencio. ¿Qué me dice la voz del silencio?

Arranca de mí todo lo que no sea vida de ti.

El Evangelio es el pecho de Dios Padre-Madre, donde succiono la leche espiritual y humanizadora. Dios es todo nuestro alimento.

Volver a la oración. Cuando me disperso y quedo fuera de mí, debo reorientar nuevamente mi ser, estar y permanecer. Ser orante es un dejarse hacer por Dios siempre. Dios es como un imán que nos succiona desde dentro. Hallar el centro y permanecer en Él.

No puedo ser solo grano muerto en la tierra. Vivir es respirar, florecer, alegrar, liberar. Tú nos has resucitado contigo y vivir es amar y ser feliz.

Mi corazón es casa de oración. En él convoco a todas las religiones para orar juntos al Amor, Dios de toda la humanidad. Padre-Madre-Amor de todo amor.

La fuente de la vida eres Tú, Dios nuestro. Nosotros, pobres criaturas tuyas, tenemos sed de ti, pero no sabemos dónde está la fuente para beber de ella. Y seguimos viviendo porque Tú, fuente viva, nos sustentas por pura gracia, porque tu fuente *mana y corre, aunque es de noche*, Tú sacias nuestra sed.

Si somos conscientes de tu presencia en medio de nosotros, seremos capaces de caminar juntos la pluralidad y diversidad en amor y comunión.

Tú, Amor de todo amor, nos vives y nos custodias. Amados somos y amparados estamos en ti.

Jesús, que mi relación amorosa contigo me haga humana y amorosamente relacional con los demás.

Afirmada estoy en ti, afirmada en tu Evangelio. Una vida para el Evangelio adquiere mirada amorosa sobre todas las cosas, mirada amorosamente misericordiosa sobre las personas.

46. Mis caídas te mueven a compasión

En la oración asisto a una presencia y encuentro, a una relación amorosa. Importa mucho silenciar los pensamientos discursivos y desactivar la imaginación. Lo único importante es el hacer misericordioso que Dios realiza en mí, sea sintiendo o sin sentir en lo sensible –que esto poco importa–, lo determinante en la oración es la realidad transformadora que se va realizando interiormente y nos va configurando con el Jesús que nos vive y nos hace.

La mística no es solo el fenómeno sensible y gustoso que Dios a veces nos hace sentir y nos deleita. La relación con Dios en la fe, ya es en sí misma una realidad mística que nos va transformando interiormente, más allá del gusto o disgusto del sentido. Lo importante es dejarnos hacer por Dios y permanecer. El fenómeno místico se puede dar o no dar, decididamente esto no determina la mística. Lo determinante de la mística es dejar que Dios obre como Dios en nuestra vida. El hacer de Dios es transformador siempre. En el gusto por Dios y en la fe oscura ya emerge la mística. Dejarle a Dios ser Dios para poder ser místicos en verdad. Esto es querer de Dios.

Mi necesidad de orar es sed de tu gracia. Tú eres un Dios que amas con misericordia. Tu nombre es *El Compasivo*. Mis caídas te mueven a compasión y me levantas, así actúas misericordiosamente. Tu Evangelio es mi experiencia fundamental de ser humana, tu Evangelio me regala la posibilidad de asemejarme a tu humanidad.

La fe, la fe es mi fuente de sanación y locura de un estilo de vida que cree sin ver. Si viera y entendiera, ya no sería fe ni sería gracia.

Orar, libre y limpio el pensamiento, vacía la imaginación, olvida el sentimiento. La atención puesta en Jesús. Anhelar solo su presencia. Todo lo ocupe Él.

Cuando oro, fomentar la quietud amorosa. Comenzar el día con una disposición interior: amar, perdonar, servir y andar en atención a Jesús. Esta es la clave: «*Mira que te mira*».

Aquellos sentimientos de desagrado hacia personas concretas, sentimiento que aflora instintivo y que trae murmuración ofensiva. Evaporar o sacar de mí tal sentimiento con afirmado sí al amor hacia quien sea, al fin, cada persona es mi hermano, mi hermana, mi amigo, que necesita ser amado por mí. Orar sentimientos evangélicos.

En nosotros, ni la tentación, ni el pecado, nos ha de ser motivo de angustia y tormento. Estamos poseídos por la gracia, por pura gracia. Y orar la gracia que nos salva.

Orar es ponerme ante el Amor y desayunarme de amor, para realizar las obras del amor.

47. El amor es la música que todo lo suaviza

En la oración Dios obra místicamente en nosotros, tengamos o no tengamos conciencia de ello. Ser conscientes de este hacer de Dios es sabernos realizados en Él progresivamente, lo sintamos o no sensiblemente. Dios, por querer suyo, se comunica místicamente con sus hijos e hijas.

Orar, estar junto a la fuente de la salud, alimento de la esperanza, gozo de la segura confianza, luz de la fe.

A veces, cuando oro, parece que no sucede nada. La comprensión viene después. En la oración misma, muchas veces sufro dispersión y distracción. Pero esto es solo debilidad humana. Dios hace su obra salvadora y libertadora más allá de mi pobre naturaleza. Importa mucho mantener la fe oscura y segura. Y dejar hacer a Dios lo que Él quiera. Soy lo que creo. Y creo en Jesús.

En la oración, relación amorosa con Dios, se produce la mística, aunque sea en noche oscura. Dios se me da y soy acogida. Así se produce la mística, sin sentir o sintiendo, esto es lo de menos, lo determinante es este dársenos Dios. La oración es el momento donde la conciencia se hace consciente de que, el Dios que nos vive nos hace, y su hacer es siempre transformador y transfigurador. Hemos de creer que somos místicos, como creemos que somos hijos e hijas de Dios. La oración es el lugar de estar y permanecer conscientes del Tú a tú amoroso con Dios, trato relacional siempre sanador. En la oración asentamos dentro la presencia y el hacer de Dios en nosotros. Pero, saber también, que Dios es regalador de bienes siempre. Su hacer no está condicionado a los momentos orantes. Su hacer es salvador en todo momento, porque nunca estamos fuera de Dios; fuera de Él no existiríamos. Ser conscientes de ello sí depende de nosotros, es responsabilidad nuestra.

Solo el amor nos capacita para el aguante y la fidelidad hasta el fin.

El amor es la música que todo lo suaviza.

Jesús, dame fuerza para hacerme fuerza.

Cuando oro, mi oración ¿no debe ser acaso, una muy sencilla contemplación del misterio envolvente del amor de Dios que nos excede? En el silencio íntimo y sereno del corazón, solo contemplar. Dejarle a Dios que sea Dios y haga como Dios. ¿Qué puedo yo, pequeña criatura, alcanzar y comprender de Dios? Asumo con alegría el regalo que Jesús nos hace de sí mismo: darnos a Dios como Padre-Madre. ¿No me basta el misterio de la fe a oscuras y segura? De mí, solo una muy humilde disposición, la de María: «*Hágase en mí según tu palabra*». Y gócese mi alma por el don de una vida para el Evangelio, en el servicio generoso y siempre disponible hacia los demás. Dar y darme, sin pedir nada. Así nos lo muestra Jesús. Pasar, como Él, haciendo el bien. Orar es saber que siempre estoy siendo amada por Dios. «*Solo Dios Basta*». Y basta si le hallo en los hermanos.

48. El amor dice la calidad de nuestra oración

Orar, estar en silencio con quietud y paz, «*fijos los ojos en Jesús*». No pretender nada, solo estar, y gustar estar más allá del gusto sensible.

La sabiduría me viene por el amor. El amor es comprensión de todas las cosas. El amor saborea a Dios en plenitud.

136

Cuando oro, Tú vienes serenamente y traes la paz. La oración afianza la esperanza y la confianza.

Dios no nos quiere siempre en búsqueda, Él se hace encontradizo y nos pone en relación amorosa. Descansar serenamente gustando el amor.

Oro para que la autenticidad sea la conducta rectora de una vida para el Evangelio. Solo el amor dice la calidad de mi oración.

Orar para vivir libres en Dios, que engrandece nuestra humanidad. Y revertir todo en favor de los hermanos. *«Siempre seréis ricos para dar»*.

El foco en la atención interior, ir hacia el centro de nosotros mismos, que Dios nos espera dentro, nos adentra a estarnos con Él. Dios nos succiona desde dentro.

Orar es direccionar la naturaleza y todo el ser hacia el amor. Y vivir dejando que el amor vehicule la existencia. El Amado nos toma en amor desde dentro.

Cada momento orante en la noche oscura de la fe, ya es luz clara como el día. La noche es el gran tiempo de la fe, y por ello, tiempo luminoso de Dios. «*La noche es clara como el día*».

Mi oración se adentra en el desierto. Allí, Dios habla al corazón. «*Yo la voy a enamorar, la llevaré al desierto y le hablaré al corazón*» (Os 2,14).

Ver con tus ojos, amplía horizontes y traspasa límites. Ver con tus ojos es tener mirada amante. Ver con tus ojos es ver bondades. Jesús, tu mirar es amarnos.

¿Amo? Solo Tú me puedes poner en amor.

La realidad que nos ilumina desde dentro. La fuerza que nos levanta desde dentro. La presencia que nos sostiene desde dentro. El amor que nos envuelve desde dentro. La esperanza y la confianza que nos estabiliza desde dentro. Vivir desde dentro. Dentro y en el centro, está Dios.

Cuando sufro una decepción y un engaño. Cuando siento que no han sido honestas conmigo y el alma se me llena de tristeza ¿qué hacer? Elevar el corazón a Dios alabando su bondad misericordiosa conmigo. No permitirme chapotear el lodo de la rabia y el despecho, no fustigar a nadie desde el resentimiento ni el pensamiento. Orar, decirme ante Jesús y pacificar en él la mente y el corazón. Tomar aire nuevo. Una actitud firme, decidida y fuerte: servir y amar. Silenciar lo demás y ¡adelante! «*Vuestra tristeza se convertirá en alegría, y nadie os quitará vuestra alegría*».

49. Dios hermoseador de humanidad

Cuando pasamos una dificultad, una prueba que nos sacude y oscurece, importa mucho entrar en nuestro interior y orar. Encontrarnos cara a cara con quien nos vive y nos ama. En nuestro interior se produce el encuentro con la verdad de nosotros mismos. Descubrir que es Dios quien lleva nuestra carga, para que nosotros salgamos aliviados y renovados. La oración nos lleva a un proceso transformador, en el que se produce un antes y un después. Jesús es el sanador.

«*En la casa de mi padre hay muchas estancias*». Y en el peregrinar de la fe hay muchos caminos. Dios todo lo hace converger hacia Él. Tener la seguridad de que todo, absolutamente todo y todos, vamos abocados a ser succionados por Dios, plenitud de nuestra existencia y pertenencia.

Cuando nos envuelve la oscuridad, cuando el temor nos cerca, cuando no vemos nada, ni sabemos qué hacer con nosotros mismos, entonces, aquietar el ser en la esperanza y confianza de que Dios proveerá. En lo inesperado se hace la luz.

Cuando entro dentro de mí, para relacionarme con Jesús, siempre salgo mejorada por ti. Tu toque es transformador.

Cuando oro, muchas veces surge una «alerta»: yo misma. Poner atención a mi dispersión. Dentro, también está el peligro de «recrearme» en mis propios discursos. Atajar todo despunte del «yo personal» y silenciarlo poniendo la mirada en Jesús. Orar es mirarle a Él. Siempre atención a Jesús. Y salir mejorados, gracias al «toque» misterioso que nos mejora. Dios siempre nos impregna de Sí. Sin percibirlo, nos va adentrando en Él. Y morir nos aboca a vivir en Dios. Y no temer. Nos lleva Dios.

Cuando oro, me aplico al silencio, para que no haya más voz y presencia que la de Dios. Estar mirando a Jesús, su oración es mía.

Jesús, Tú, el Resucitado, nos dices: ¡*Alegraos*! *soy yo, no temáis, la paz esté con vosotros.* Cuando la negra sombra de la violencia se cierne sobre nuestro mundo, tu mensaje alivia nuestro corazón expulsando el temor, y nos abrimos a la esperanza de que la vida y no la muerte tiene la última palabra.

Te busco y te hallo en mí. Miro que me miras. Cuanto más me doy, tanto más me llenas el ser para seguir dando. Colmas colmadamente.

El seguimiento de Jesús conlleva un decidido sí a ser humanizada al modo de su humanidad. En el hoy de nuestra historia, la vida del Reino sigue ofreciendo plenitud a quien se determina a vivir una vida para el Evangelio. Dios quiere sacar a flote la realidad de imagen y semejanza con Él. Dios nos quiere embellecidos por dentro y por fuera. Que Dios es hermoseador.

50. Tú vienes a buscar lo perdido de cada uno

Los orantes somos labradores de esperanza en tanto que la oración nos lleva a vivir una vida para el Evangelio. La oración borda con finísimos hilos el amor, la delicadeza del bordado dice nuestro buen y bien hacer. Perfumea la esperanza de la vida en el amor.

La vida orante es un camino abierto a la esperanza salvadora. Incide en el mundo para crear la paz y la convivencia en el amor. Orar para fraternizar las relaciones humanas.

Los sedientos de Dios oran al encuentro con Dios. Orar el Tú a tú amoroso con el Amado. Y oro, porque por mí misma no soy capaz de obrar el amor que quiero, ni de realizar el bien que el amor me exige. Oro para que la lluvia de la gracia empape mi ser entero y haga germinar una vida para el Evangelio. Y ser buena nueva para los demás.

Orar nos va adentrando en el camino de la esperanza y la profunda confianza.

Tú vienes a buscar lo perdido de cada uno para reorientarlo hacia ti. «*Porque es eterna tu misericordia*».

Solo tu toque amoroso derriba nuestros muros y dilata nuestro ser. Tú haces emerger la imagen y semejanza con que fuimos creador. «*Porque es eterna tu misericordia*».

Señor Jesús, dame gracia y fuerza para sujetar mi dispersión y distracción. Que tu presencia concentre y polarice mi ser, hacer y amar. El amor, sana y robustece la atención que lleva contemplación y comprensión. Desocupada de todo, el amor es disposición abierta a recibir lo esencial. Mi oración es esperar los bienes que Tú me quieres dar. Disponme a recibir. Cansada de mí misma, orar es descansarme en ti. Tú eres el camino, la verdad y la vida. Colócame en tu camino. Revélame tu verdad. Que tu vida sea mi vida. Y ser de las prudentes, esperarte con la lámpara encendida, con reserva abundante de aceite.

Cristo Jesús, Tú eres nuestra salud. Tú el modelo a seguir. En ti vemos la vida que hay que vivir, en ti el mundo que hay que construir. Los ojos en ti, fascinada por ti. Vivir una vida para el Evangelio.

51. Orar es poner nuestras heridas ante Dios

Mi vida orante se debate con mi propia realidad temperamental. La dispersión y la distracción son mi incapacidad para la atención amorosa a

Dios. Nada puedo hacer depender de mí, porque solo hallo impotencia. Pero me agarro a la fe y afirmo la presencia de Dios dentro de mí. Él sabe de qué tengo necesidad. Oro en silencio y sufro el desorden de mi realidad. Sigo escuchando a Dios y me quejo de tanta imposibilidad. Pienso en la esperanza y la confianza, las activo y sigo orando en silencio y espera. Tú me harás sentir bien en mi oración esforzada, hasta ser oración alegrada por el encuentro siempre esperado. «*¿Adónde te escondiste, Amado y me dejaste con gemido?*».

Me hace falta la conversión de Pablo. Ser derribada de mis altiveces, es decir, de mi miseria humana. Por sí mismo no atinaba el camino. No atino con el mío. Y mi oración atiende una palabra: «*Mi gracia te basta*». ¡Tu gracia me baste!

La oración es el lugar más sagrado para la reconciliación conmigo misma, con mi historia y mi verdad, esa parte oscura que no me agrada y que me hace llorar. La oración nos esclarece, nos pone lucidez para pedir perdón siempre y volver a comenzar desde la paz. Cada día Dios nos hace un poco más libres. Tal vez un poco más santos también.

Que sea verdad que Jesús es mi auténtica riqueza. «*Por sus frutos los conoceréis*». Trabajar en verdad el amor y respeto a las gentes. Seguidora de Jesús. «*Velad y orad*».

Cuando oro, pongo mi parte herida ante ti. De todo puedo huir, menos de ti. Todo lo puedo dejar, menos a ti, si me quiero salvar de mí y gustar salud en ti.

En este tiempo, mi oración es escucha: «*Escucha, hija, mira…*»; «*Escucha, Israel*»; «*Velad*»; «*Estad preparados*».

Si Tú te escondes, gimo de dolor. Sin ti es la muerte. Si te escondes, ando errante, buscándote como alma en pena. Sin ti, mi ser no tiene consistencia, soy como una hoja seca sacudida por el viento, que se quiebra y desaparece. La solidez del ser la das Tú. Tú robustece mi frágil arcilla. Del barro nos haces carne y de la carne nos

divinizas. Criaturas hermoseadas por tu redención. Tu presencia dentro de mí, me embellece y
armoniza. La paz es fiesta; el amor recita poesía;
el canto y la música es danza que alegra. «*Ven,
Señor Jesús*».

52. Distracción y dispersión
andan juntas

La oración es encuentro con Dios, el lugar donde oxigenar la vida, el aspirar el aire de la gracia
que me transforma, y gozar la humanidad nueva.

Señor Jesús, en esta hora y tiempo de la historia, en que la guerra ocupa la preocupación
mundial, haz que nuestro monasterio pueda ser
un hogar de paz y fraternidad. Pequeña comunidad eucarística que vive la comunión. Orar
la paz, orar la esperanza. Orar la confianza. En
el corazón de la humanidad, puede renacer un
despertar del amor y un canto a la libertad. Un
amanecer de la conciencia de una cultura para la
ternura y no la agresión. No queremos la guerra,
queremos sembrar la tierra de flores de amistad.
Queremos unir nuestras manos y ser hermanas
que se aman y abrazan, que se besan y bailan la

felicidad. Creemos en el bien común para todos. Enterrar las armas de la muerte y activar las herramientas del trabajo que construye la paz y el bienestar social. El Evangelio es luz amable y esperanzadora en este tiempo de oscuridad. Jesús nos dice: «*mi paz os dejo, mi paz os doy*». Y contigo oramos y sembramos la paz.

Orar es estrenar novedad. Al encuentro con Jesús, todo es camino de amor, perdón y servicio alegremente ofrecido. La oración me reviste de misericordia, comprensión hacia la humanidad herida, caricia aliviadora para el sufrimiento, esperanza y confianza en el dolor y la muerte.

Señor Jesús, en ti resucita la humanidad y la creación entera. Tú, el Resucitado, llenas de luz la vida que ilumina la existencia humana. Tu resurrección nos devuelve al paraíso de la felicidad y la dicha. Todos estamos invitados a gozar la realidad salvadora que ha estallado dentro de nosotros y transforma nuestras vidas en amor y semejanza de Dios. El amor, la justicia del Reino, la paz y la alegría, son realidades cumplidas que nos ponen en equilibrio existencial. Nuestra verdad queda cumplida en ti, Cristo Jesús. Lo imposible en nosotros, lo descansamos en ti. Nosotros somos tu ofrenda al Padre, esta es nuestra dicha, seguridad y paz.

Si me distraigo en la oración, genero dispersión en la acción. Si me concentro en la oración, me hallo vigilante en la acción. Distracción y dispersión andan juntas, cabras locas y nefastas para la contemplación.

Soy y me sé proyecto de Dios, siempre en transformación para ser realizada plenamente. Dios nos va transfigurando el ser.

Mi oración es una espera. Debe ser tranquila y segura, además alegre y confiada. El Esposo llega. Que me halle de las prudentes. Mantener mi lámpara encendida, vigilar el aceite, que no me falte. *«¡Que llega el Esposo!»*. Que me tome y me lleve hacia dentro, en nuestra morada interior.

53. Tú nos quieres unidos y fraternizados

Oro en este amanecer de cielo despejado y claro, oro, y lo hago poniendo la mano aliviadora sobre las heridas y sufrimientos de nuestra humanidad: que los hambrientos tengan pan, los enfermos salud, los cautivos libertad, los atribulados paz, los que sufren soledad hallen compañía. Y oro también por la fiesta y alegría de los hijos de Dios, la fiesta del Reino de la justicia para todos.

Orar contemplativamente me ha llevado a asumir mi humanidad herida. Me he acurrucado en el regazo de la Presencia y duermo en la paz.

¿Cómo volver a sembrar la paz en la tierra? Siento una gran pena por las jóvenes generaciones que se enfrentan a una panorámica de conflicto mundial, donde la amenaza armamentística está al acecho en todas partes. Ellos son quienes deberán prepararse para hacer florecer la esperanza y consolidar la confianza, para que resurja un tiempo nuevo de paz, justicia y libertad. Señor, Tú nos quieres unidos y fraternizados. Danos entrañas de misericordia para que el amor sanee todos los gestos amenazadores que nos avasallan. Volver a la paz.

Señor, Padre de las misericordias y Dios de toda consolación. Mira la desolación de nuestro corazón abrumado por la guerra que crea tanto sufrimiento y siega tantas vidas jóvenes en trágica muerte. Estamos desconcertados por el sufrimiento de los inocentes, niños, jóvenes, mayores. Que tu Espíritu Santo abra caminos de reconciliación, de paz, alegría y fiesta del corazón. Te pedimos por la conversión de quienes tienen el poder en sus manos. Tú puedes cambiar los sentimientos del corazón y crear la bondad. «*Mirad, yo realizo algo nuevo, ahora acontece; ¿no lo percibís?*» (Is 43,19).

Cuánto hay que vaciar y cuánto profundizar para llegar al centro. Solo Tú, Señor, nos vas adentrando y llevando al centro, a tu encuentro.

Si cuando leemos la Biblia nos atenemos a la letra, el fundamentalismo está servido. Hay que dejar que el Espíritu nos infunda aquella inspiración divina que ilumina la mente en comprensión y penetra el corazón en amor. Solo percibimos una tenue luz de la verdad profunda. De Dios sabemos aquello que Jesús nos revela. *«Dios es amor»*. Y comienza la contemplación y el servicio generoso hacia los demás. Si el cristianismo no se ocupa solo de amar y servir, *«comamos y bebamos que mañana moriremos»*. Solo el amor nos conduce a la plenitud humano-divina.

54. Con amor y dolor se amasa la vida

Cuando la noche se alarga y la oscuridad desalienta nuestro ser. Lo inesperado llega tan amablemente, y una luz alegra nuestro corazón. Nuestros ojos, esclarecidos por el llanto, vuelven a contemplar la belleza del amor y comunión. En el jardín de la redención, las flores cantan los alegres aleluyas de fiesta y placer.

Mi oración no es una devoción, mi oración eres Tú. Orante en tu oración. Quien ora al Padre eres Tú, y yo en ti. Solo me fío de tu oración.

En el silencio orante, espero mi signo.

Nuestra alma tiene la belleza profunda del Resucitado. Él, esclarece en nosotros la imagen y semejanza con que fuimos creados. Somos criaturas de Dios y libres en Él.

Dios y sus largos silencios. Yo y mi espera confiada. «*Habla, Señor, que tu sierva escucha*».

Oro en un simple silencio. Oro descansando la mirada sobre el mar.

La libertad en Dios rompe la estrechez de los marcos y límites de lo institucional. A Dios no se le puede contener ni definir en dogmas, nombres, normas, ritos, sacramentos. Dios Amor es el sin límite, el indecible, indefinible, incognoscible. Solo Jesús nos lo humaniza con su humanidad y nos lo hace balbucear como el Abba, Padre. Solo Jesús es rostro humanado de Dios. Lo que define una vida en Dios es el amor y amar, servir y perdonar. Dios asoma en cada ser cuando amamos. Por el amor decimos lo más de Dios, cómo es Dios y cómo nos hace Dios, amorosos.

La alegría es el canto que brota de una vida para el Evangelio, del peregrino que camina el amor.

Con amor y dolor se amasa la vida. Las lágrimas riegan nuestros desiertos. Nuestra alegría los hace florecer.

El perdón me pone de buen humor. Oro el amor y el perdón.

En Cristo Jesús siempre voy anchurosa. Nos reímos juntos. Con Él a mi lado vivo de buen humor.

El creyente no es un sometido a la ley. Es el libre que vuela al soplo del Espíritu divino. Al aire del amor, vuelos de libertad.

Orar, ¿no es acaso la siembra de una semilla muy pequeña? El asombro de su crecimiento ¿no es gozo de una cosecha? Orar es una siega y un reparto.

Cuando oro, el corazón vela. Encendida la lámpara, preparado el aceite. Una honda atención amorosa, Dios es el Amado. No sucede nada. La fe me dice: *Soy los ojos de Dios.* A oscuras, me sé mirada. «*El mirar de Dios es amar*». Dios despierta nuestra ternura hasta el estremecimiento. «*No hagas daño*». Y pienso: *hay que ir más allá, ama hasta dar la vida.*

55. La esperanza es ver nacer una flor en el desierto

En la noche, Tú enciendes una tenue luz y, enseguida la apagas. Ha sido suficiente para aliviar la tribulación de mi corazón, cansado de la espera en la noche. La insignificante llamita, permite ver por un momento que, en la noche, estoy situada en el buen camino. Esperar el amanecer para caminarlo. En la noche seguiré esperando con fe y confianza el momento en que, Tú mismo, me lances a caminar y vengas conmigo como luz. Sin ti no puedo nada. Solo Tú eres mi seguridad.

Espíritu Santo divino, Tú estás encendiendo un nuevo Pentecostés en la Iglesia por el despertar de las mujeres. La fuerza del Resucitado nos pone rostro y figura resurreccional. Dos mil años de silencio impuesto, Jesús, las mujeres ya no lo soportamos más, ¡ni Tú tampoco! Tú nos haces carne de tu carne y sangre de tu sangre: Eucaristía. Somos tu sacerdocio, nos lo das. Nos haces lo que eres y tuyas somos. En la Iglesia, nadie por encima de nadie. Todos y todas, simples y humildes servidoras a los pies de la humanidad. Tú nos quieres en la fraternidad que nos iguala y crea la comunión por el amor.

Estoy enferma de distracción y dispersión. Solo puedo ser orante adherida a ti y puesta en tu oración. Solo tu oración me hace orante. Fundida en ti, acunada en el Padre-Madre, oro en el amor.

Jesús, vivo tranquila y feliz en ti, que haces tanto por mí, y me llevas a hacer tanto para los demás.

Cuando oro, me encuentro siempre con mi propia impotencia y mi imposibilidad. Me acurruco en ti y te digo: «*Señor, tú lo sabes todo; tú sabes que te amo*». Entonces, la oración se convierte en estarnos amando; amor que activa la fuerza de la acción. La oración es fuente de liberación.

Orar a la luz de una tenue vela me permite intuir el resplandor que alumbrará el Día. Vivir orando la fe es atravesar la noche. La Luz eres Tú.

Si las lágrimas riegan nuestros desiertos, la esperanza es ver nacer una flor.

La vida en esperanza es hacer florecer el jardín del amor.

La esperanza es como una antorcha encendida en medio de la oscuridad. Una semilla que florece sana en medio de la iniquidad.

La oración de María es atención amorosa, esperanza alegre, fe confiada. Su oración es abierta disponibilidad ante Dios. Su actitud generosa y ofrecida la hace tierra cultivable donde germina la Palabra: Jesús, fruto bendito de sus entrañas. María es todo lo que se ha dejado hacer por Dios. Ella ha sabido estar donde está el amor: el Hijo. Donde está el Hijo, está la madre. Modelo de mujer creyente para nosotros.

56. Ver tu rostro y figura en los demás

Orar, más allá de las perturbadoras «raposas» de la distracción y dispersión. Ellas inquietan y perturban el florecer de la viña. Orar en tu oración recoge los sentidos, los aquieta y me serena. Tú, orante en mí, cenas conmigo, «*la Cena que recrea y enamora*». Nada impide ser orante en tu oración. Tú me haces orante en ti.

Contemplativa me haces cuando logro ver tu rostro y figura en los demás.

En ocasiones, orar es solo saber que Tú estás en mí, y yo descansándome en ti.

Orar como Jesús, de noche y a solas. Entrar en combate contra todo lo que no sea la voluntad de Dios. Tú voluntad es el amor y justicia del Reino. El amor cura las heridas y nos pone en justicia. Orar para vencer el mal. «*No nos dejes caer en la tentación y líbranos del mal*».

La distracción y la dispersión son mis dos cabras locas que mantengo controladas en los momentos orantes. Medicina de Dios es la oración. Y las cabras permanecen aquietadas. Distracción se llama una, Dispersión la otra. En la oración, quietas bajo control. Y el alma descansa en Dios. Amar mis cabras, a ellas también las envuelve la encarnación de Dios. Ellas me recuerdan mis límites y excesos.

Señor, sé que te puedo traicionar «con un beso». Sé que te «puedo negar» como Pedro. Sé que siempre estoy expuesta a «hacer el mal que no quiero», asfixiando «el bien que quiero». Pero Tú lo ves todo, Tú lo conoces todo, «*Tú lo sabes todo, Tú sabes que te quiero*».

En el Resucitado todo queda salvado, perdonado, libertado. La fiesta del Reino ha comenzado, la fiesta no tiene fin. Somos los festeros que alegran el mundo, sembradores de esperanza para la humanidad.

La vida orante se aprende orando. Y tiene un principio: *querer ser orante*. Y todo proviene de una convicción interior: *el que Es me ha creado y vive en mí*. Orar será por siempre el comienzo de una relación amorosa con Dios, vivida y sostenida por Él. Orar es dialogar con el huésped interior. A fuerza de diálogo amante, reluce la imagen y semejanza con que fuimos creados. La vida deviene relaciones amorosas con los demás.

Algunas veces, orar es también una pereza, lo confieso. Lo humano toca límites y cansancios.

Dios lo sabe y nos mece para descansarnos en Él.

57. Orar es una gracia para los demás

He aprendido a contarle todo a Jesús. Ha tenido que sufrir mucho despotismo. Le he tenido que soportar largos y extremos silencios. Hemos cantado y danzado juntos. Continúo peregrinando la fe oscura. Y sigo soportando sus silencios extremos. A veces nacen flores en mi corazón. Las que planta Él, mi jardinero fiel.

La sed de Dios, tantas veces orada con el salmo 62: *«Mi alma tiene sed de ti».* Suscita un deseo del corazón, beber con Jesús junto al pozo. Bebernos y comernos, crear una eucaristía de comunión y comunicación. Sed de Dios, ansias de luz, creer sin dudar. *«En ti está la fuente viva, y tu luz nos hace ver la luz».*

Que fragilidad experimento ante el misterio de la vida y la muerte. Mi dicha, ¿no es, acaso, creer en Jesús más allá de la duda y de las noches oscuras? Creer y dudar se debaten dentro de mí con sufrimiento. Basta volcar en Jesús mi sí incondicional. Aunque tenga dudas, Él las resolverá. Seguir con Él hasta el final, con fe y dudas, es asumir mi frágil humanidad. Creo que combato bien mi combate y mantengo la fe.

Orar, fundamentalmente, es confiar y amar. Es vivir a los pies de la humanidad y lavárselos.

Cuando amanece, lo primero es orar. Esa conciencia que, día tras día, agranda la convicción interior de tu presencia y gozar más de estar contigo. Mis cabras, Dispersión y Distracción, que me dan tanta guerra y alboroto, sujetas están y amodorradas a mi vera, sin actividad molesta. Es así, cuando por fin, me hallo ocupada gozando de ti en mí, poniendo quietud en el alma. Y crezcan las virtudes para todo bien.

La oración se esfuerza en perseverar, hasta entrar donde nos espera la presencia. Y «*gozar sin entender lo que se goza*», entendiendo que se goza.

Orar cada día, orar siempre, es mantener la luz del faro encendida. El faro es una referencia que señala un lugar salvador. Hay un salvador: Jesús. Vivir como Él una vida para el Evangelio, es impregnar la vida de amor y perdón.

Ser orante es una gracia y un don para los demás. Como dice Teresa de Jesús: «*No sabéis vos hacer, Señor, semejantes grandezas y mercedes a un alma, sino para que aproveche a muchas*» (V 18,4).

«*Creo, Señor, pero aumenta mi fe*». Creo en Jesús, sí, pero asoman dudas. Dentro de mí hay una atea que puja por afirmarse. Mi decidido sí a Dios la tiene a raya. Creer, sea fundamentalmente, confiar en Dios.

El Éxodo es el libro de la gran comunión con la humanidad peregrina. Tú, Señor, nos llevas a un destino glorioso.

Orar es engrandecer el amor. A más relación amorosa con Jesús, más exigido amor hacia las personas.

El amor muestra la autenticidad y profundidad de la oración.

58. Tú enjugas nuestras lágrimas

Cuando oro, florece el desierto del corazón. Los orantes somos sembradores de vergeles. En el jardín de la redención solo hay vida, nada muere donde «*la fonte mana y corre, aunque es de noche*».

Jesús, tú conoces la gran tribulación de mi proceso libertador. Mi impotencia para orar, ¿no ha sido, acaso, mi persistente oración? Permanecer ante ti en el dolor y llanto, en la oscuridad y dura prueba, ¿no ha sido, acaso, mi firme esperanza y mi segura confianza? Tú conoces todo de mí. Hasta en el pecado te he oído decir: *Yo te amo*. Y me he ido dejando transformar.

La oración es la voz callada del que peregrina en el desierto. La oración es la luz que nos permite recorrerlo sin perdernos. En las áridas arenas del desierto, la oración siembra flores y hace brotar manantiales de agua viva. El orante es un jardinero que hace florecer los yermos.

Cuando el corazón se enfurece y pierde la serena armonía, orar la paz de Cristo Jesús, dejar que su Espíritu amanse todo lo que es rígido y lave el rostro de lo inhumano. La oración cura nuestras heridas, nos pone en paz y comunión, nos humaniza al modo de la humanidad de Jesús.

Tú oras en mí. Tú amas en mí. Tú te haces en mí. Soy lo que te haces en mí. Dios se complace en mí, por ti.

Tú, el Resucitado, has resuelto nuestra existencia. Siguiendo tus huellas, peregrinamos la vida. Tú me dices: *Ama como yo te amo*. Y la paz sonríe en mi corazón.

Tantos años orante, y mis cabras siguen campando como locas por mis bosques, montes y praderas. Hacia el tiempo final, me presento ante Dios con mis cabras por delante. Dispersión y Distracción, mis dos cabras tienen nombre. Han turbado mi oración, pero no mi fidelidad orante.

A veces orar es solamente estar sentada ante Dios y descansar en Él. Sin pretender nada, solo confianza.

Tras más de cuarenta años de rezar laudes y vísperas, mi ser, como un lento goteo, se ha ido haciendo de estalactitas y estalagmitas. Original belleza orante.

Cuando me entra la tristeza en el alma, me gusta sumergirme en el mar y allí verter mis lágrimas. Tú enjugas mis lágrimas.

59. Dios dispone todo para atravesar la noche

La mística más profunda y segura es la que se vive en el proceso de la noche oscura. Se asume el amor y el padecer.

El deseo de Dios también se cumple y se sacia en la noche.

Dios dispone todo para que atraviese la noche.

Orar más allá de la luz o la oscuridad, no entretenerme ni en lo uno ni lo otro. Orar, porque, a pesar de todo sentimiento, Tú eres el pan que da vida y robustez a mi existencia. Orar para seguir viviendo.

Ser orantes, porque la vida se reconcilia dentro, en el amor, el perdón y encuentro. Tú nuestro descanso, en ti nuestro sereno silencio. Nace una tímida alegría del corazón, expresión de la fiesta del corazón.

Cuando oro, percibo el asomo de tu presencia, pongo atención y te has escondido. Oro en fe oscura y te haces certeza.

Nunca podemos dejar de amar. Si no amamos nos secamos. Sin el amor, desertizamos la existencia.

Cada uno habla de la llenura que lleva dentro. Vacíame de mí y lléname de Ti. Dios en el centro de todo y vaya la vida en amor.

Y rezar por los que no conocen el don de la oración. Oro por ellos, con la segura confianza de que Jesús les ora dentro. Con Jesús morando en nuestro interior, a nadie le falta la oración. Un pequeño gesto de amor y servicio generoso, aun sin saberlo, puede devenir una gran oración, más grande y apreciada que la oración de esta orante.

Escucha la voz del viento, aura suave, murmullo orante de la creación. Todo ora, todo es oración, todo es Dios. Contemplar, silencio, aire, amor. Sea muy humilde la oración.

El que me vive y me salva, me proyecta como sacramento salvador para los demás. Amar es misionar sanando las heridas del desamor. Vivir una vida para el Evangelio huele a sanción.

Si quieres andar en verdad, mira a Jesús y emprende una vida para el Evangelio. Dios nos va transformando en la dicha de las Bienaventuranzas. Ser felices en el amor. Si quieres ver la Luz y vivir en el amor, mira a Jesucristo. Si hacemos todo con amor, nos libramos de la pesadez de las leyes y normas.

60. Y, vosotros, ¿quién decís que soy yo?

En la oración, Jesús vuelca toda su esperanza y confianza al Padre, se fía de Él y se abandona: *«Que no se haga mi voluntad sino la tuya»* (Lc 22,42). La más pura actitud del orante es querer decididamente lo que Dios quiera.

La noche es el lugar de nuestro combate interior. La noche forma parte de la dinámica del orante, hay que asumirla y atravesarla. Dios permanece estable en nuestra noche. No le vemos, pero ahí está Él, siempre está pronto para crear en nosotros un nuevo amanecer. Y orar será saber esperar en la noche los levantes de la aurora.

La oración nos lleva a satisfacer nuestra necesidad de Dios, no por sensibilidad, sentimientos o fenómenos místicos, sino en fe oscura y segura, en esperanza como realidad orientativa en el camino a recorrer y con serena confianza en quien nos ama. A decir de Juan de la Cruz, la oración crea historia de enamoramiento transformador: «*Amada en el Amado transformada*».

La oración es la forma humana y más directa de dirigirnos a Dios, y lo es a fuerza de llanto, gemido y búsqueda con frecuencia penosa, pero siempre en esperanza y confianza, también en la dicha, porque Dios siempre es regalador de felicidad.

La oración hace florecer el jardín de la redención. Por medio del profeta Jeremías, Dios pone esta esperanza en el corazón de la humanidad: «*Sé muy bien lo que pienso hacer con vosotros: designios de paz y no de aflicción, daros un provenir y una esperanza. Me buscaréis y me encontraréis, si me buscáis de todo corazón*».

La presencia de Jesús en medio de nosotros nos reta al amor sin límites. Los orantes estamos llamados a hacer emerger la gracia redentora que la vida-muerte-resurrección de Jesús ha realizado para toda la humanidad, no «*por muchos*», ¡por todos! Que desafortunado cambio litúrgico, lo lamento y quiero gritar: *¡¡por todos!!*

Jesús formuló una pregunta a sus discípulos que será decisiva para todos los tiempos, lo es para nosotros hoy: «*Y vosotros, ¿quién decís que soy yo*». Solo el Tú a tú relacional con Él nos dejará balbucir –solo balbucir– quién es este Jesús que nos va transformando a imagen de Dios. Cada uno está llamado a responder desde su propia experiencia relacional con Él. Lo que nos pone conocimiento es la relación amorosa con Jesús.

La oración me ilumina el camino de la verdad en la libertad y para la libertad. «*Este tener verdadera luz para guardar la ley de Dios con perfección es todo nuestro bien; sobre esta asienta bien la oración; sin este cimiento fuerte, todo el edificio va falso*» (C 8,4). Oro porque sé que Jesús se me quiere dar y revelar, quiere que tenga experiencia de Él y vivir transfigurada por el amor.

61. Si no amamos nos deshumanizamos

En ti, no hago sino henchirme de vida. No moriré jamás, ya lo hice y me resucitaste. Estoy viva. Adherida a ti, todo deviene vida alegremente vivida. Aunque es de noche y sufra mi frágil humanidad. Mi ser interior está cada vez más entero. Que Tú me transformas desde dentro.

¿Dónde hallo la belleza de mis momentos orantes? Contemplar es la fascinación de relacionarme con Dios. La seguridad de vivir la comunión. Y ¿si por fin aprendiera a dejarle a Dios ser Dios en mi vida? Tal vez ha llegado la hora de comprender. Dios está en mí para hacerse Amante. No le hallo por encima de mí. Situado a mis pies, me engrandece de Sí mismo. Quiere que aprenda a saborearle como Amado. La vida tiene sabor de Dios. Todo lo que es vida está en Dios. Nada vive sin Él. Gozar la vida es gozar a Dios.

No juzgar nada, no juzgar a nadie. Orar por todo y por todos. Mente abierta y corazón limpio ante Dios.

En mi oración, tengo la seguridad de que el orante eres Tú. Oro en Tu oración. En Tú-mí-oración, están todos los que el Padre nos ha confiado. Todo lo que está en Tú-mí-oración se salva. Nada se pierde en esta nuestra oración-relación. Tú y yo somos uno con el Padre y el Espíritu. Tú y yo somos toda la humanidad.

Oro en esta calmosa tarde de verano. Estridulan las cigarras rezando conmigo salmos de alabanza y dolor por toda la humanidad sufriente.

Silencio de mí misma. Soledad y vacío. Dios irrumpe en mi silencio con su Palabra. Jesús puebla mi soledad con su presencia llenando los vacíos. Todo es una espera orante. Y estar recibiendo gracia tras gracia.

Cuando me cuesta perdonar, no atormentarme. Adherida a Jesús, Él es quien ha perdonado todo por mí, yo me uno a su perdón. En Él, perdono todo, así lo quiero, y, en Él, solo en Él, se cumple mi perdón. Puedo estar en paz. Poco a poco, el sentimiento personal de impotencia, se unirá a la plenitud de Jesús.

Si no amamos nos deshumanizamos. Orar es amar. El amor nos hace misericordiosos con todos.

Dentro de mí, haya llenura de ti. Puéblame Tú. Habítame. Amor, crece y que se te vea. Mi pensar, Tú. Mi hacer, Tú. Mi amar, Tú. Brille en mí la luz con que me alumbras. Tú, Cristo Jesús, Tú.

¡Ay de mí si no me relacionara con Dios en amor!

62. Del silencio de dios surge más nítido el amor

Si Tú te silencias y no te dices, me quedo sin ser ni saber. Quien me pone rostro y figura eres Tú. Solo Tú me constituyes.

Si Dios calla, yo también debo callar. Cuando el silencio de Dios se prolonga y se hace noche oscura, me sale decirle a Dios: *Dios mío, no te soporto.* Y Dios se ríe de mí.

Cuando Dios calla, se purifican las falsas imágenes que nos hacemos de Dios. Del silencio de Dios surge más nítido el amor. Dios es AMOR. Y nos hace amor.

Orar, oro siempre, estando en casa y yendo de camino, acostada y levantada. Orar me consolida en Dios. Soy libre en Dios. Libre de los poderes de este mundo, políticos, económicos, religiosos. En Dios voy desnuda. Ante Él, cara a cara, y en un Tú amoroso, ya nadie me puede dañar. Lo sagrado es ser humanos. Tú me haces Eucaristía y vivo la jornada celebrando lo que soy y tengo. El pan de Dios que soy, lo parto y reparto. Darme para ser comida, como Jesús se dio a ser comido. Ando libre en Dios.

El mal es una realidad que nos acosa y nos hiere. Jesús nos salva de todo mal porque es Amor. Donde hay amor no hay mal. Solo el amor hace buenas y bellas todas las cosas. El amor armoniza la existencia humana. Dios sufre con los sufrientes que el desamor tortura y crucifica.

No descuido la oración. Ante el silencio de Dios, mantener una serena conformidad. Y orar una humilde súplica: «*Habla, Señor, que tu sierva escucha*».

El amor nace dentro. De la vivencia relacional con el Amado.

Dentro y en el profundo centro está el bien de todas las cosas. Dios mora dentro.

Orar nos va sacando de lo externo y superficial. Orar nos adentra, nos lleva al encuentro fascinante con Dios. El rostro de Dios se llama Jesús. Amor de todo amor.

Aceptar bien tu incómodo silencio ¡me engrandece!, aunque me cansa. Orar me comunica paciencia de Dios. En el silencio de la noche nace la luz.

Cuanto más se esconde Dios, tanto más segura es mi fe. Cuando Tú te silencias, más profunda es la búsqueda. Tu persistente esconderte, más afianza mi esperanza y segura confianza que te descubrirás. Nuestra humanidad es tu debilidad amorosa, amor amante que nos acaricia.

Desde el momento que comprendí que todo es gracia y que todo me es dado como don y regalo de Dios, mi oración comenzó a ser serena y relajada.

Tras la resurrección, Jesús se aparece dejándose tocar y palpar. Quiere que tengamos certeza de que Él vive y está presente en medio de nosotros. Orar su presencia. Nunca estamos solos, Jesús es muy buena y segura compañía.

63. La oración es esperanza y confianza en la noche

La pasión de Jesús es el acontecimiento más revelador de su obediencia al Padre. Mis largas noches oscuras, penosas y dolorosas, son mi más reveladora fidelidad a Dios. Y seguir en este empeño de vivir una vida para el Evangelio.

Orar es vivir desde dentro al encuentro con Jesús. Él irradia en nosotros la vida en el amor. Ser Evangelio y ser comunión.

Porque Dios lo es «*todo en todos*», somos una fraternidad en comunión. Todos al servicio de todos con amor. Quien ama no discrimina a nadie. No excluye, sabe que son sus iguales.

La mayoría de las veces, cuando oro, lo hago en noche oscura. Y mi oración se convierte en esperanza y confianza, segura de que mi fe no quedará defraudada. Orar puede ser por tiempo indefinido esperar confiadamente. Seguridad en la fe; paciencia en la esperanza; abandono en la confianza.

Orar me lleva a no descuidar mi responsabilidad fraterna con las hermanas y toda la humanidad.

El cristianismo es seguimiento de Jesús y relación amorosa con Él, es crecer en comunicación con Él a fuerza de diálogo orante. Jesús nos va impregnando de su identidad, y su presencia en nosotros nos dispone a asumir la cruz. Con Él, por Él y en Él somos los crucificados-resucitados para que la humanidad goce plenitud.

María, madre, hermana, amiga. Tú eres la fiel compañera de camino. Tú nos invitas a mirar solo a Jesús. Ante la adversidad, el desconcierto, la duda y la desolación nos dices: «*Haced lo que Él os diga*». Y volvemos al buen camino que es Cristo tu hijo.

¿No me basta el misterio de la fe a oscuras y segura? De mí, solo una muy humilde disposición, la de María: «*Hágase en mí según tu palabra*». Y gócese mi alma por el don de una vida para el Evangelio, en el servicio generoso y disponible hacia los demás. Dar y darme, sin pedir nada.

Cuando la esperanza y la confianza se han anclado en mi corazón, mis cabras, «Dispersión y distracción», permanecen sosegadamente dormidas, mientras yo puedo gozar la iluminación de una presencia que siempre está en mí. Gustar la comprensión de un amor que serena toda inquietud.

Cuando comencé a alegrarme con los éxitos y bienes de los demás, sentí que me brotaba la carne sana y la mente clara. Un resplandor iluminó mis ojos y comencé a ver el cielo en este suelo. Y todavía no es clara luz.

64. Dios quiere nuestra felicidad

Orar es saber que siempre estoy siendo amada y hermoseada por Dios. «*Solo Dios Basta*». Y basta si le hallo en los hermanos.

«Vuestra soy para vos nací». Ponerme toda en Dios, ser toda de Jesús, obrar como Él. Gozar de una saludable libertad. Discrepar cordialmente. Dios obra en mí por el poder de su Espíritu Santo, y vaya todo alegremente vivido.

¿Qué puede ofrecer al mundo la oración de una contemplativa? ¿No es, acaso, la oración que se une a la oración que Jesús ofrece al Padre para que todos sean uno y se salven? La oración, toda oración, es una prolongación de la oración de Jesús. Nada somos sin Él. Su Espíritu es quien realiza en nosotros la oración. Oramos en el Orante.

Orar con la seguridad de que, quien no ora, es orado en Jesús orante. Nada ni nadie está perdido, la oración es la convicción de una salvación realizada y cumplida por Dios en Jesús. Orar con gozo de ser orante. Orar es abrir un cauce a la esperanza, por el que fluye la vida hacia la realización plena. Dios quiere nuestra felicidad.

Orar me permite pacificar las inquietudes, sujetar impulsos, suavizar gestos amenazantes. Ante Jesús, puedo volcar todo cuanto envenena el corazón, y esperar en Él la pacificación, el perdón y el amor, «*Tu bondad y tu misericordia me acompañan a lo largo de mis días*». Vuelve el sosiego interior y fluye la fuente de agua viva alentando las actitudes de una vida para el Evangelio, amor y disponibilidad para el servicio.

La oración es alimento y medicina, disciplina que fortalece la actitud de una vida centrada en Jesús y su Evangelio. Nada descentre mi estar con Jesús. Orar es mi opción personal, mi libre elección; cada día, afirmada en ello, digo sí a Dios en esa realidad de vida orante-contemplativa.

Orar contemplativamente, es tomar conciencia del amor de Dios que todo lo envuelve y cuida. Contemplar es tener ojos para ver y reconocer la bondad y belleza de todas las cosas en Dios. Toda la creación y las criaturas somos fruto de la voluntad divina que nos ama, nos recrea y nos lanza a un proceso de plenitud.

Cuando oro, ando segura y señora de que solo Dios basta. Me basta cuando le sé hallar en las hermanas que me tienden su mano. Dios se me muestra en ellas ayudándome. La comunidad suple la luz que yo he perdido, la comunidad reza mi impotencia, levanta mi caída, cura mis dolencias. En la comunidad, Dios obra gracia para mí, aunque yo no siempre sepa verlo.

65. No siempre he sido fiel

Jesús, tú eres la encarnación de la misericordia de Dios. Que la misericordia sea la actitud primera ante cada hermana y persona que se me acerca. Dice el hermano Roger de Taizé «*Si pierdes la misericordia lo has perdido todo*».

En mi rincón orante puse unas ramitas de tomillo y romero. Las hierbas perfuman mi paseo por el campo. Salí a alimentarme de aire y de sol. El alma saboreaba Dios. Y me pareció que Dios huele a tomillo y romero.

Cuando la tierra de mi corazón se seca, Tú, Espíritu Santo, abres un caudal de agua viva y la riegas. Vuelvo a florecer.

Siempre pienso en Jesús. Pensar en Él se ha convertido en mi más fiel oración. Un enamoramiento maduro. No siempre he sido fiel. Pero siempre he vuelto al amor primero: Jesús.

Jesús, sé que los ojos están hechos para contemplarte. El problema surge cuando no te sé ver en los demás.

Comenzar el día con atención amorosa, e ir atrapando cielos. Regalar yo mi cielo interior.

Ser Eucaristía es crear la comunión. Eucaristía es mi identidad cristiana que brota del amor, de la realidad del Cristo que me vive dentro.

No me preocupa que en la oración me duerma con frecuencia. En mi interior, el alma está vigilante cual centinela. Ella ora siempre.

Cuando oro, sé que la mirada contemplativa tiene capacidad de llenar vacíos y besar amablemente los fríos afectivos.

Orar me pone la convicción de que el encuentro será con la misericordia y la fiesta. Dios nos espera con la mesa puesta y la comida servida. Importa agrandar la confianza y, con ella, no temer nada. Dios nos espera como servidor.

Cada día, ¿qué reducir de mí para mantener la paz? Tal vez el exceso de mi yo.

En Dios he cimentado mis convicciones. Nada temo. Dios está en la barca y lleva el remo. Navego y vuelo. En Dios hago lo que quiero. La noche oscura es una aventura en la que ha de prevalecer la confianza.

A la intemperie de la vida, solo Dios nos cobija y pone seguridad. A la intemperie, mantener la esperanza y confiar.

66. La oración es un faro iluminador de verdades

Orar es encuentro con Jesús, relación amorosa que hincha el amor.

El amor es el vínculo más potenciador de la unidad con toda la humanidad. El amor es el lenguaje que todos entendemos, necesitamos y deseamos. El amor es el logro de la gran fraternidad universal, crea la comunión, el perdón, la paz y la alegría de la fiesta que no tiene fin. Orar el amor es la garantía de la salud mundial.

Creer es siempre asumir la noche oscura de la fe. La noche nos esclarece, para ser al fin iluminados. No hay que luchar contra la noche. Se trata de asumirla y amarla. En la noche y en la hora menos esperada, viene el Esposo.

En la noche, seguir creyendo. Más allá de los desconciertos y angustias, la confianza me hace proclamar: «*Tu gracia me sostiene*»; «*Tu gracia me basta*». Y vivo acunándome en Tu propia oración.

La oración callada y escondida puede prender un fuego y brillar como una luz. El Tú a tú relacional con Jesús es siempre gracia esclarecedora de bienes.

La oración contemplativa es aplicarme a Dios, estar amando al Amado. Dejar que Dios sea Dios en mí, aun sin ver ni entender. Fuera de Él me pierdo en la dispersión. Saberme amada me posibilita amar.

Orar centra mi vida en Cristo Jesús. Orar me dispone a vivir a partir de Cristo. El cristianismo eres Tú, y contigo, vivir una vida para el Evangelio. Siempre y en todo Cristo Jesús.

Ser orante es permanecer, como los faros, en los lugares estratégicos, solitarios, expuestos a todos los vientos y a todas las tempestades del mar, para ser, en la noche oscura de la humanidad, una pequeña luz que señala puerto de salvación: Jesús. La oración es un faro iluminador de verdades, orientador de una vida para el Evangelio.

En Jesús todo va en proyecto de amor. Quien nos convoca es el Dios amor, cariñoso con todos y enriquecedor de nuestra humanidad. Como dice el hermano Roger de Taizé: *«Dios no puede más que amar»*. Orar el amor y devenir amor.

Orar con corazón agradecido, porque hemos sido salvados por el amor misericordioso de Dios. Nos toca vivir sanando heridas y perdonando, acogiendo y liberando. ¿Qué actitud tengo ante el necesitado que me pide comida y abrigo, casa y cariño? Orar es dar respuesta afectiva y efectiva al lamento de los hermanos-as. «*Sed misericordiosos como vuestro Padre es misericordioso*».

67. Orar el gusto de estar con Dios

El silencio de Dios purifica la oración de las falsas imágenes que nos hacemos de Él. El silencio orante es el cauce por donde fluye el Amor. Amar el silencio orante. Degustación de Dios Amor.

Orar con las manos abiertas ante Dios. El regalador de bienes nos las quiere llenar de su misericordia. Somos ricos porque Dios nos da su gracia para todo bien. Ante Dios, vivir una sana seguridad que nos permite no desesperar y andar en libertad.

Orar el gusto de estar con Dios, surge de la conciencia consciente de estar habitada por dentro. Una presencia que me vive y da vida. Y soy lo que, imperceptiblemente, esta presencia me hace. Solo Dios basta. Sí, porque Él lo es todo en todos. Y nos pone en relación y comunión fraterna. Hijos e hijas de Dios, libres en Él.

Orar me lleva a abrirme a la gran pluralidad de todas las cosas, expulsando de mí la uniformidad. Orar me abre a la infinitud de Dios y su misterio. En Cristo Jesús, el misterio se hace tangible, se humaniza y concreta en el amor y perdón, la libertad y servicio. La seguridad de mi ser cristiana es Cristo Jesús. La libertad es lo propio de los hijos e hijas de Dios. Oro esta salud de Dios en cada ser humano. A imagen y semejanza hemos sido creados. Hijos e hijas de la libertad.

La oración callada y escondida puede prender un fuego sobre la tierra y brillar como una luz esplendorosa. El Tú a tú relacional con Jesús es siempre gracia alumbradora de bienes.

Tú te das a la medida de nuestra necesidad. Aunque es de noche. Y la sensibilidad sufre la herida más que gozar el consuelo. Porque es de noche. Orar quieta en ti.

¡Ay de mí si no viviera una vida para el Evangelio! ¡Ay de mí si no me relacionara con Dios en amor! ¡Ay de mí si no profetizara!

Orar, porque Tú eres presencia que envuelve todo en la unidad. Orar tu presencia, es el camino de una lucha entre la locura de la psique humana hacia el silencio y la paz interior. Orar nos arraiga como un ciprés entre lo terreno y celestial. Peregrino dejando todo, hacia una patria mejor.

68. Un corazón orante es un corazón amante

Mi vocación es ser orante. Contemplativa en la Iglesia. ¿Cómo crear la comunión en tiempo de guerra? Orar la paz es hacer florecer la esperanza. Ver abrir caminos de comunión y comunicación con toda la humanidad. Crear la gran reconciliación mundial. Manos unidas con todas las razas pueblos, naciones y religiones.

Jesús, qué gran confianza podemos tener en ti. Tú tomas sobre ti todo lo que nos embrutece y lo pasas por tu corazón misericordioso. Tu amor por nosotros nos limpia y libera de las ataduras del mal. Tú te ocupas de nuestra felicidad, dándonos un corazón nuevo para amar. El amor nos dará intrepidez para abrir caminos de reconciliación y paz. Una humanidad capaz de amar, bendecir y abrazar.

La vida solo vale la pena si es vivida en el amor. Qué bello y bueno lo hace todo el amor.

He convertido mi vida en una permanente oración. Orar en Tu propia oración. Vivir una vida para el Evangelio. Todo lo haces Tú en mí, todo me es dado por gracia tuya.

¿Sabrá la Iglesia volver a la vida sencilla y humilde de Jesús? El Evangelio es un estilo de vida que debe mostrar siempre lo pobre, sencillo, humilde.

Vivir una vida para el Evangelio, es tomar el ejemplo de Jesús como referente de vida. Él vivió ocupado y preocupado por el sufrimiento humano. Jesús «*pasó haciendo el bien y curando a los que sufrían*». No tengamos más preocupación que tender nuestras manos para aliviar la menesterosidad de los sufrientes de la tierra.

La oración puede reactivar nuestro estímulo y encender el pábilo vacilante de nuestra débil fe. No temer los zarandeos de la inestabilidad; poco a poco, Dios nos va fortaleciendo interiormente y afianzando en el camino de una vida para el Evangelio. Nuestro destino es el de Jesús crucificado-resucitado. Optar por lo único necesario: el amor. Más allá de los desalientos, el amor.

La oración es alimento y medicina, disciplina que fortalece la actitud de una vida centrada en Jesús y su Evangelio. Ser orante es mi opción personal, mi libre elección, y cada día, afirmada en ello, digo sí a Dios en esa realidad de vida contemplativa.

Jesús, oro para tener la claridad de tu luz. Ninguna distracción me impide estar gustando la luz de tu rostro, la alegre seguridad de tu presencia. Nada temo sabiéndote conmigo. La oración me va descubriendo el rostro de la misericordia. Y me dice cómo actuar misericordiosamente.

Un corazón orante es un corazón amante. Nada queda fuera de este hogar de acogida amorosa del corazón. La bondad y la belleza son celebradas. Dios en Jesús, vive ofrecido. Queda a nuestra disposición.

69. El día y su luz eres tú

Cuando oro, crece en mí el deseo de Cristo Jesús. Saborear una presencia. Él me reviste de su propia identidad. Cristo Jesús vive en mí y me va configurando en sí. Somos transfigurados en Jesús mismo. Todo sucede en la noche oscura. Lo veo y lo entiendo a medida que asoman los levantes de la aurora.

En la fiesta de Todos los Santos, celebramos la hermosura de la santidad del cielo y la tierra. Somos santos porque Dios vive dentro de nosotros y su presencia es santificadora. Nos santifica. Que esta santidad regalada que somos, incida en nuestro mundo con los frutos de la paz, el amor, la justicia y la alegría. Para ser santos y santificar hemos venido. La santidad es nuestra fiesta. Somos comunión con el cielo y la tierra.

Acepto la noche. Mi fe es oscura. *La noche es clara como el día.* Si viera como en pleno día, ya no haría falta la fe, porque el día y su luz eres Tú. En Ti desaparece este suelo y su cargante límite. Tú nos das vida de cielo.

Tener la convicción de que Dios me quiere orante, perseverando en la oscuridad de la fe; en la sequedad del sentimiento; en la hostilidad de una inestabilidad; en el debate entre la duda y la esperanza, entre el temor y la confianza. Perseverar orante en estas condiciones es una gracia que supera todas las gracias místicas que se pueden dar en lo sensible. La noche de la fe es mi dichosa ventura y genial aventura. Mi tenue luz en la noche dichosa. Mi absoluta seguridad en Dios, en Jesús.

La primera vez que sonreí con benevolencia ante la adversidad, supe que me había nacido la alegría del corazón.

Cuanto más insufriblemente calla Dios, más profunda, oscura y segura es la fe; más firme la esperanza y la confianza. En el corazón, como luz de cielo, amanece la humildad.

Se va acabando y apagando el año. Las guerras lo han convertido en año trágico. Lo he caminado entre las luces y sombras de mis propias luchas interiores. La paz es una frágil realidad siempre amenazada. Un aposento de amor de difícil estabilidad. Camino por las estancias de las últimas moradas. Dios nos quiere en la paz. *«Guarda mi alma en la paz, junto a ti, Señor»*.

Índice